Stephanie Cech-Wenning

Die Katzen Werkstatt

Kinder checken noch mehr über Katzen mit

CHECKY

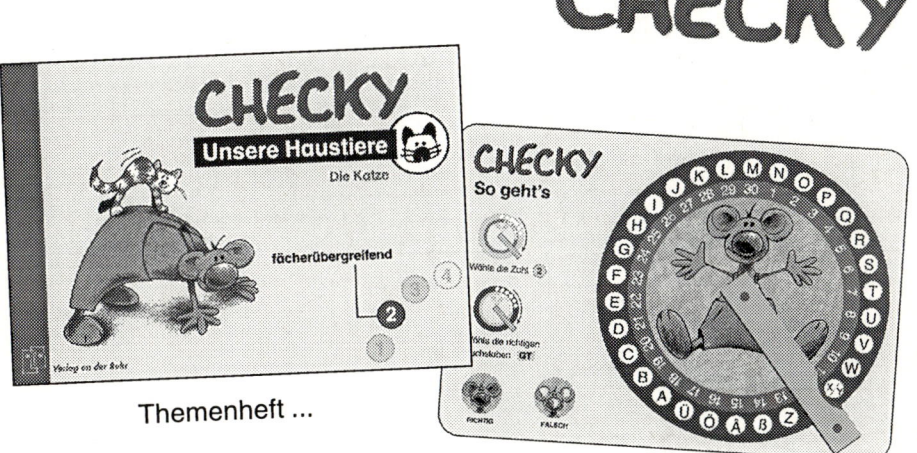

Themenheft ...

... und Kontrollscheibe

Die neue Lernkontrollhilfe erhältlich
beim Verlag an der Ruhr.

www.verlagruhr.de

Verlag an der Ruhr

Impressum

Titel: Die Katzen-Werkstatt

Autorin: Stephanie Cech-Wenning

Druck: Druckerei Uwe Nolte, Iserlohn

Verlag:  Verlag an der Ruhr
Postfach 10 22 51, D-45422 Mülheim an der Ruhr
Alexanderstr. 54, D-45472 Mülheim an der Ruhr
Tel.: 0208 – 439 54 0, Fax: 0208 – 439 54 39
E-Mail: info@verlagruhr.de
http://www.verlagruhr.de

ISBN 3-86072-601-3
© **Verlag an der Ruhr 2001**

Die Schreibweise der Texte folgt
der reformierten Rechtschreibung.

**Ein weiterer
Beitrag zum
Umweltschutz:**

*Das Papier, auf das
dieser Titel gedruckt ist, hat
ca. **50% Altpapieranteil**,
der Rest sind **chlorfrei**
gebleichte Primärfasern.*

Inhaltsverzeichnis

Begründung der Thematik „Katze" im Unterricht

Katzen sind Haustiere, die von Kindern geliebt werden. Sie begegnen Katzen in ihrer Lebenswelt mehr oder weniger regelmäßig. In der Regel suchen auch freilebende Katzen den Kontakt zum Menschen. Wenn Kinder mit Katzen zusammentreffen, wird sofort der Wunsch nach Berührung ausgelöst. Die Kinder versuchen sich oft instinktiv richtig, nämlich in gebeugter Haltung und langsam, auf eine Katze zuzubewegen. Mit ruhiger Stimme und Lockrufen wollen sie um jeden Preis die Aufmerksamkeit des Vierbeiners erlangen und sie zum Schmusen einladen. Die Katze geht auf das Locken ein und genießt die Streicheleinheiten. Wenn sich eine Vertrauensbasis entwickelt hat, beginnen die Kinder mit Hingabe und nicht verblassendem Enthusiasmus mit der Katze zu spielen. Stundenlang können sie Stöckchen vor der Nase der Katze herziehen und sie zum Springen und Fangen locken. Katzen lassen sich im Gegensatz zu den pflegeleichteren Haustieren, wie Wellensittichen, Kanarienvögeln, Fischen oder Hamstern, richtig anfassen und sind für eine bei Kindern sehr beliebte Toberunde bereit. Katzen können sich an Menschen gewöhnen, suchen den Kontakt und gehen Freundschaften mit ihnen ein.

Viele Kinder kennen Katzen, wissen jedoch oft nur Oberflächlichkeiten über sie. Sie haben oft schon einen emotionalen Bezug zu diesem Haustier aufgebaut, wenn auch nur auf der Wunschebene, und sind dadurch sehr motiviert, mehr über Katzen zu erfahren und zu lernen.

Trotz der oben angesprochenen Beliebtheit ist die Katze auch ein Haustier, welches Eltern häufig von der Wunschliste der Kinder streichen, da neben den Vorteilen auch einige negative Aspekte bei der Katzenhaltung, wie z.B. größere Kosten und Zeitaufwand, zu bedenken sind. Diese Nachteile bzw. Anstrengungen sind den Kindern nicht immer bewußt und müssen von ihnen erst einmal erarbeitet und verstanden werden.

Neben der Katze als Haustier sind es im Zoo in der Regel die Raubkatzen, die die Kinder am meisten beeindrucken, als erstes angesehen werden müssen und zu Hause im Spiel nachgeahmt werden.

Jedes Kind möchte manchmal so stark sein wie ein Tiger. Der Wunsch nach Kraft, Unbesiegbarkeit und unangefochtenem Ansehen wird unbewusst von den Kindern erträumt. Wenn Zirkus gespielt wird, schlüpfen viele Kinder lieber in die Tigerrolle oder die des Dompteurs als in die der Akrobaten oder Pferdedresseure. Gerade weil die Raubkatzen für den Menschen so gefährlich sein können, üben sie einen großen Reiz auf Kinder aus. Oft glaubt man kaum, dass ein so friedlich schlummernder Leopard mit seinem kuscheligen Fell lebensgefährlich sein kann. Kinder haben Hochachtung vor der Macht dieser Tiere. Sie sind oft hin- und hergerissen zwischen dem Staunen über ihre Kräfte beim Jagen und Töten von Beute sowie dem Mitleid für die Opfer der Tiere. Jedes Kind hat viele Vorstellungen über Fähigkeiten und Gewohnheiten der Raubkatzen, die zum Teil mit viel Fantasie vermischt sind. Die Kinder sollten daher mehr Wissen und fundierte Informationen über die Raubkatzen erhalten. Aufgrund der großen Faszination, die Tiger, Löwe und Co ausüben, wird es kaum Schwierigkeiten machen, die Kinder für dieses Thema zu begeistern. Schon alleine die Bekanntmachung der Thematik müsste allergrößte Motivation auslösen.

Zielsetzung der Katzen-Werkstatt

Die einzelnen Arbeitsbereiche der Werkstatt sollen den Kindern Sachinformationen zum Thema Katze vermitteln, so dass ihre Vorerfahrungen und Kenntnisse vertieft und erweitert, aber auch realistischer werden. Dabei sprechen viele der Arbeitsaufträge neben der sachlichen auch die emotionale Ebene an, so dass eine kritische Auseinandersetzung mit dem Thema und letztlich die Bildung einer persönlichen Meinung bzw. Einstellung erfolgen kann. Die Kinder sollen sich mit den beiden Katzentypen Hauskatze und Raubkatze auseinandersetzen und sie differenziert sehen lernen. Sie sollen über die Raubkatzen und ihre Fähigkeiten staunen und Spaß an der gesamten thematischen Auseinandersetzung haben.

Zusätzlich zu diesen themenbezogenen Zielsetzungen sollen die sprachlichen sowie kreativen Fähigkeiten der Kinder, neben dem Einüben selbständiger Arbeitsweisen und sozialem Verhalten, gefördert werden.

Aufbau der Katzenwerkstatt

Die Katzen-Werkstatt ist **fächerübergreifend** angelegt. Dabei liegt der Schwerpunkt im Sach- und Sprachunterricht und wird durch künstlerische, spielerische und mathematische Elemente ergänzt. Die Werkstatt kann für die Schuljahre 2 – 4 in unterschiedlich starker Ausprägung eingesetzt werden.

Die Katzen Werkstatt

4

Die Werkstatt gliedert sich in **7 Arbeitsbereiche**:

„Wissenswertes über die Katze"

„Das Leben mit einer Katze"

„Interessantes über Großkatzen"

„Interessantes über Kleinkatzen"

„Gedichte und Geschichten zur Katze"

„Rätsel rund um die Katze"

„Basteleien und Spiele"

Schwerpunkt des Arbeitsbereiches **„Wissenswertes über die Katze"** ist die Auseinandersetzung mit der Sachebene. Die Sachebene steht auch im Arbeitsbereich **„Das Leben mit einer Katze"** im Vordergrund, wird hier aber sehr stark durch die emotionale und persönliche Ebene ergänzt.

In den beiden Arbeitsbereichen **„Interessantes über Großkatzen"** und **„Interessantes über Kleinkatzen"** werden Sachinformationen speziell über Raubkatzen vermittelt, wobei oft die Möglichkeit zum Staunen bleibt und die emotionale Ebene angesprochen wird.

Der Bereich **„Gedichte und Geschichten zur Katze"** ergänzt die Thematik durch die Auseinandersetzung mit zwei Gedichten sowie mehreren Geschichtenanfängen und Geschichtenüberschriften, die Anregungen zum Weiterschreiben liefern sollen. Die Phantasien der Kinder werden angesprochen und beflügelt, so dass neben Textarbeit, auch sachliche und emotionale Auseinandersetzungsmöglichkeiten mit der Thematik geschaffen sind.

Im Bereich **„Rätsel rund um die Katze"** soll durch genaues Hinschauen und spaßvolles Nachdenken Wissen angeeignet werden.

Der Teil **„Basteleien und Spiele"** ermöglicht es den Kindern künstlerisch sowie spielerisch zum Thema zu arbeiten.

Die Erarbeitung der Thematik in Form einer *Werkstatt* bietet sich besonders an, da je nach Altersstufe der Kinder, Vorkenntnissen, Interessen, gewünschten Lernzielen, Fähigkeiten und Möglichkeiten unterschiedliche Schwerpunkte gesetzt werden können.

Die Kinder können für sich entscheiden, was sie besonders interessiert, in welchem Bereich sie Spezialisten werden möchten, welche Reihenfolge und welches Arbeitstempo sie wählen, sowie weitgehend die Sozialform selber bestimmen. Durch diese Freiheiten kann die Motivation der Kinder zum Arbeiten gesteigert werden. Lernen kann so ein wenig vom Leisten für den Lehrer/ Noten weggerückt werden und zum Lernen für sich selbst führen.

Dabei wird das selbstständige, eigenverantwortliche Lernen der Kinder ausgebaut, das im Leben immer wieder in unterschiedlichen Situationen von ihnen gefordert wird.

Hinweise zur Organisation und Arbeit mit der Katzen-Werkstatt

Der *zeitliche Rahmen* für die Arbeit mit der Werkstatt kann je nach Bedingungen variieren. Es hat sich jedoch als vorteilhaft erwiesen, wenn die Kinder pro Tag zwei Schulstunden Zeit zur Auseinandersetzung haben. Für die Kinder sind jedoch auch ganze Werkstatttage sehr motivierend, da sie während der Werkstattarbeit häufig das Gefühl haben, dass gar kein richtiger Unterricht stattfindet, sondern nur schöne Dinge passieren, die Spaß machen.

Bevor die Arbeit an der Werkstatt beginnen kann, sollten Sie auf dem *Arbeits-Pass* (S. 8) eintragen, welche Arbeitsangebote in der Werkstatt angeboten werden und in den entsprechenden Spalten kennzeichnen, welche davon als *Pflicht-* und welche als *Wahlaufgaben* vorgesehen sind. Der Arbeits-Pass wird hier bewusst als *Blanko-Vorlage* angeboten, damit Sie die Möglichkeit haben aus den einzelnen Bereichen die Angebote auszuwählen, die dem individuellen Leistungs- und Interessenstand Ihrer Klasse angemessen sind. Wenn die Kinder ein Arbeitsangebot erledigt haben, machen sie dies durch ein Kreuz im Arbeits-Pass sichtbar. Nachdem Sie das Ganze auf Richtigkeit und Vollständigkeit überprüft haben, kennzeichnen Sie die kontrollierte Aufgabe mit einem Haken.

Die Werkstatt wird im Klassenraum aufgebaut. Zur *Aufbewahrung* der einzelnen Arbeitsaufträge und Arbeitsblätter können Sie z.B. gekaufte Ablagekörbe, die Sie numerieren, aber auch im

Einführung

Copy-Shop kostenlos erhältliche Kartondeckel des Kopierpapiers, verwenden. Häufig benötigen Sie für die einzelnen Arbeitsaufgaben nur die entsprechenden Kopien der Informations- und Arbeitsblätter, die sich in dieser Mappe befinden. Sicherlich ist es von Vorteil, wenn Sie für den Arbeitsbereich **„Wissenswertes über die Katze"** verschiedene Anschauungsmaterialien wie Bücher, Zeitschriften, Plakate auslegen, in denen die Schüler nachschlagen und schmökern können (vgl. auch Literaturliste). Lösungsbögen sind zu einigen Arbeitsblättern, je nach Altersstufe und Fähigkeiten der Kinder, sicherlich sinnvoll.

Toll wäre es, wenn eine Katze die Kinder – oder die Kinder eine Katze – besuchen könnten. Der Körperbau, die Tatzen, die Augen usw. können dann ganz genau betrachtet und beobachtet werden. Ein Ereignis, das sicherlich das Behalten des Gelerntem unterstützt und ein unvergessliches Erlebnis werden kann.

Der Bereich **„Das Leben mit einer Katze"** ergibt sich im Großen und Ganzen aus den sich in dieser Werkstatt befindlichen Materialien. Viele dieser Themen eignen sich sehr gut als Gesprächsthemen, die in Zwischenreflexionen im Klassenverband thematisiert werden können und so die Arbeit erweitern und bereichern. Anschaulich, jedoch nicht unbedingt notwendig, wäre es, wenn Pflegeutensilien für Katzen sowie eine kleine Ausstattung (Leine, Halsband...) bereit, gestellt werden. Auch das Einladen von Experten, wie Katzenbesitzer oder Rassezüchter, kann die Erfahrungen und das Lernen intensivieren und gerade die Pro- Kontra- Argumentation zum Thema „Katze" bereichern. Interessant und sicherlich eine durchführbare Möglichkeit ist der Besuch des Tierheims oder eines Tierarztes.

Wenn die Kinder den Themenbereich **„Interessantes über Groß- und Kleinkatzen"** erarbeiten, werden Kopien der entsprechenden Arbeitsblätter, Messwerkzeuge, Bücher oder Plakate benötigt. Einige andere Materialien sind konkret auf den Arbeitsblättern vermerkt. Natürlich wäre ein Besuch eines Zoos oder Tierparks mit der Beobachtung einiger Raubkatzen eine gelungene Aktion und würde das Gelernte unterstützen sowie vertiefen. Einige Zoos bieten auch gezielte Führungen für Schulklassen zum Thema Raubkatzen an – fragen Sie einfach mal nach.

Der Bereich **„Gedichte und Geschichten zur Katze"** gestaltet sich mit wenigen zusätzlichen Materialien. Für die Gedichtarbeit benötigen die Kinder zum Teil Kopien der Arbeitsblätter sowie für das Knet-Gedicht Knete oder Modelliermasse.

Schön wäre es, wenn die Kinder im Klassenraum oder auf dem Flur Ecken aufsuchen können, in denen sie das Vortragen des Gedichtes laut üben und Gespräche darüber führen können. Für das bildnerische Gestalten und Abschreiben des Gedichtes können Sie den Kindern, je nach Wunsch und Materialmöglichkeiten, unterschiedlich große Malbögen (DIN A4 bis Tapetenrolle) sowie unterschiedliche Malfarben (Buntstifte bis Wandfarben) zur Verfügung stellen. Für die Geschichten zum Weiterschreiben benötigen die Kinder lediglich die Geschichtenanfänge und Schreibpapier. Dabei können Sie sich aussuchen, ob Sie den Kindern die Geschichten auf einem Blatt präsentieren und die Kinder sich nach Kenntnis aller drei Anfänge für eine Geschichte entscheiden müssen, oder ob Sie die Anfänge trennen und die Kinder aufgrund der Geschichtenüberschriften eine Auswahl treffen müssen. Das Weiterschreiben der Geschichten kann im Schulheft bzw. auf einfachen Linienblättern erfolgen und verziert werden. Wenn Sie möchten, können die Kinder auch ein *Geschichtenbuch* erstellen, in dem alle entstandenen Katzengeschichten gesammelt und immer wieder nachgelesen werden können.

Im Teil **„Rätsel rund um die Katze"** ist neben dem Bereitstellen der Rätselkopien das Bereitlegen von Lösungsblättern die einzige zusätzlich zu erledigende Arbeit.

Für die Arbeitsaufgaben im Bereich **„Basteleien und Spiele"** benötigen Sie die Bastelmaterialien, die auf den Arbeitsblättern notiert sind. Die Materialien sind mit geringem Zeit- und Kostenaufwand in jedem Schreibwarengeschäft erhältlich.

Der Einstieg in die Thematik „Katze" kann gemeinsam erfolgen und unterschiedlich gestaltet werden. Eine Möglichkeit wäre im Kreisgespräch eine Stoffkatze als Gesprächsanlass einzusetzen. Die Schüler können ihre Vorkenntnisse und Erfahrungen austauschen und anschließend in die Werkstattarbeit einsteigen. Eine weitere Möglichkeit wäre es, sich über einen Text aus der Werkstatt in die Thematik einzudenken. Dafür bieten sich die Texte „Bianca besucht die Katze Leonie" (S. 30/31), „Katzentatzen" (S. 50), „Die Raubkatzenschar" (S. 51) sowie die Schreibanlässe (S. 52–55) als Gesprächsimpulse besonders an. Zu Beginn der Arbeit an der Werkstatt sollte der Inhalt, der Pflicht- und Wahlbereich sowie der zeitliche Rahmen der Arbeit mit den Kindern besprochen werden. Jedes Kind bekommt dafür einen Arbeits-Pass an die Hand und kann so

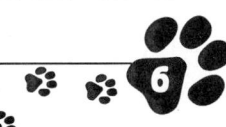

Die Katzen Werkstatt

seine Arbeit selbst organisieren und im vorgegebenen Rahmen nach individuellen Vorlieben und
Fähigkeiten arbeiten. Das Vorstellen der einzelnen Aufgaben ist nicht notwendig, da sich die
Aufgaben auf den Arbeitsblättern selbst erklären.

Es ist sinnvoll zu Beginn der Werkstatt, sowie in
regelmäßigen Abständen während der ganzen
Arbeit, einige **Verhaltens- bzw. Arbeitsregeln** mit
den Schülern zu erarbeiten und zu besprechen.
Dabei haben sich folgende Regeln als nützlich
erwiesen:
· Ich arbeite leise und störe niemanden!
· Ich unterhalte mich mit meinem Partner im
  Flüsterton!
· Ich beende begonnene Aufgaben!
· Ich verhalte mich freundschaftlich!
· Ich halte Ordnung und räume auf!
· Ich sammel meine Arbeiten im Katzen-Ordner!

Um die Werkstattarbeit zu optimieren sind
Bücherecken, Plakatwände und **Ausstellungs-
ecken** für die fertigen Ergebnisse sinnvoll.
Zwischenreflexionen, also Gespräche über
Arbeitsstand, Probleme, schöne Erlebnisse und
Fragen zum Thema, sind in angemessenen
Abständen anzuraten. Bisher fertig gestellte
Ergebnisse können dann auch vorgestellt, be-
staunt, besprochen und gewürdigt werden.
Am Ende der Werkstatt empfiehlt sich eine
Endreflexion, bei der Ergebnisse vorgestellt und
positive sowie negative Eindrücke ausgetauscht
werden können. Vielleicht können die Arbeitser-
gebnisse auch anderen Schulklassen, Eltern und
Freunden vorgestellt oder ein kleines Katzenfest
gefeiert werden.
Für Sie als Lehrperson besteht am Ende der
Auseinandersetzung die Möglichkeit, die Arbeits-
mappen einzusammeln und so einen weiteren
Überblick über die geleistete Arbeit jedes einzelnen Schülers zu bekommen. Auf diesem Weg
können Sie aber auch den Schülern eine Rück-
meldung über ihre jeweiligen individuellen Lei-
stungen während der Werkstattarbeit zukommen
lassen, Lob aussprechen und in motivierender
Weise Verbesserungsvorschläge geben.

Die Werkstattarbeit kann mit einer kleinen
Lernzielkontrolle (S. 66/67) abgeschlossen werden. Dabei sollten Sie bedenken, dass die Kinder
während der Werkstattarbeit zum Thema weit mehr
gelernt haben, als in diesem Test abgefragt wird.
Der Test behandelt allein die sachbezogene Ebene
der Thematik Katze und lässt die sozialen

Erfahrungen, Erfahrungen im Gespräch, das
Bilden eigener Standpunkte, das Arbeitsverhalten
u.v.m. außen vor.

Es ist praktisch, wenn die Kinder für die Werkstattarbeit einen speziellen **Katzen-Ordner** haben, in
dem sie ihre Ergebnisse sammeln können. Dieser
Hefter kann schön gestaltet werden, dadurch zum
kostbaren Schatz werden und später als Nach-
schlagebuch dienen.

Nun kann die eigentliche Arbeit beginnen!

Lösungen

Katzenrätsel (S. 56):

1.	K	A	T	Z	E	N	A	U	G	E
2.	M	Ä	U	S	E	F	Ä	N	G	E	R
3.	E	I	N	Z	E	L	G	Ä	N	G	E	R
4.				G	R	O	ß	K	A	T	Z	E
5.	S	C	H	N	U	R	R	E	N
6.			T	A	R	N	U	N	G
7.	A	F	R	I	K	A
8.			P	A	N	T	E	R
9.	F	A	L	B	K	A	T	Z	E
10.	K	L	E	I	N	K	A	T	Z	E
11.	L	Ö	W	E

Lösungswort: Angorakatze

Katzenrassenrätsel (S. 57):

Katzennamen – Ein Gitterrätsel (S. 58):

Morle, Max, Mimmi, Minka, Muschi, Moritz, Susi,
Strolchi, Pfötchen, Tom, Garfield, Carlo, Willi, Lilli

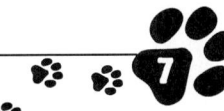

Die
Katzen
Werkstatt

7

Die Katzen Werkstatt

	P	W	X	✓

P = Pflicht   W = Wahl   X = erledigt   ✓ = kontrolliert

Die Katzen Werkstatt

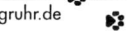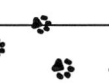

8

Der Körper der Katze

Katzen sind **Säugetiere** und gehören zu den **Raubkatzen**. Sie können draußen leben, sind aber auch in der Wohnung als richtige Haustiere zu finden. Weil die Katze ein Raubtier ist, ernährt sie sich von Fleisch, geht auf die Jagd und macht Beute. Eine Katze fängt draußen Mäuse, Insekten, Käfer und frisst Abfälle. Als Haustier muss sie mit Fertignahrung, also Dosen- und Trockenfutter, gefüttert werden. Katzen werden ungefähr 12 Jahre alt. Manche können sogar bis zu 20 Jahre alt werden. Sie sind oft Einzelgänger und jagen alleine. Männliche Katzen nennt man Kater.

Beschrifte den Körper der Katze mit den passenden Fachbegriffen!

Gelenkig von Kopf bis Schwanz

Katzen sind sehr gelenkig und biegsam. Die Wirbelsäule, also das Knochengerüst im Rücken, reicht vom Hals bis in die Schwanzspitze. Die Katzen können sich ganz gerade strecken und beim Schlafen zu einem U einrollen. Wenn du deinen Kopf drehst, kommst du bis zur Schulter und kannst alles sehen, was auf der Seite passiert. Probiere es einmal vorsichtig aus. Eine Katze kann den Kopf bis zu ihrem Rücken drehen. So kann sie sich hinten putzen und beobachten, was hinter ihrem Rücken geschieht. Katzen können sich auch ohne Mühe mit der Hinterpfote am Ohr kratzen. Kannst du mit deinem Fuß ein Ohr berühren?

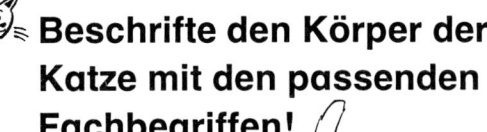

| Schnurrhaare | Pfoten/Tatzen | Ohren | Krallen | Schwanz |

Die
Katzen
Werkstatt

Die Vorfahren der Katze

 Lies dir den Text gut durch und löse dann die Aufgabe.

Vor vielen Millionen Jahren entwickelten sich die **Urkatzen**. Von der Urfamilie der Katzen blieben nach weiteren Millionen Jahren nur noch die **Geparde** sowie die **Echten Katzen** übrig. Aus den Echten Katzen entwickelten sich schließlich die **Kleinkatzen** und die **Großkatzen** – also alle Katzenarten, die auch heute noch auf unserer Erde leben. Zu den **Großkatzen** gehören der Tiger, Löwe, Leopard und Jaguar.

Zu den **Kleinkatzen** werden alle anderen Katzenarten wie zum Beispiel der Luchs und der Puma gezählt.

Unsere **Hauskatze** gehört zu den Kleinkatzen und hat einen afrikanischen Vorfahren: **die Falbkatze**. Die Falbkatze ist eine Wildkatze und hat einen geringelten Schwanz sowie ein getigertes Fell. Vor ungefähr 8000 Jahren haben die Ägypter begonnen, sich mit der Wildkatze zu beschäftigen und sie zu zähmen. Wissenschaftler sind der Meinung, dass die Falbkatzen sich in die Nähe der Menschen getraut haben, weil sie nach Nahrungsresten gesucht haben. Erst vor 3000 Jahren kamen die ersten Katzen mit Seefahrern nach Europa. Dann dauerte es noch 1000 Jahre, bis die ersten Katzen auch in unserer Gegend zu finden waren. Ganz langsam wurden aus wilden Tieren zahme Haustiere. In Afrika gibt es heute immer noch Falbkatzen.

Die Entwicklung der Katze

Trage die Begriffe in der richtigen Reihenfolge ein. Beginne vor Millionen von Jahren bei den Urkatzen.

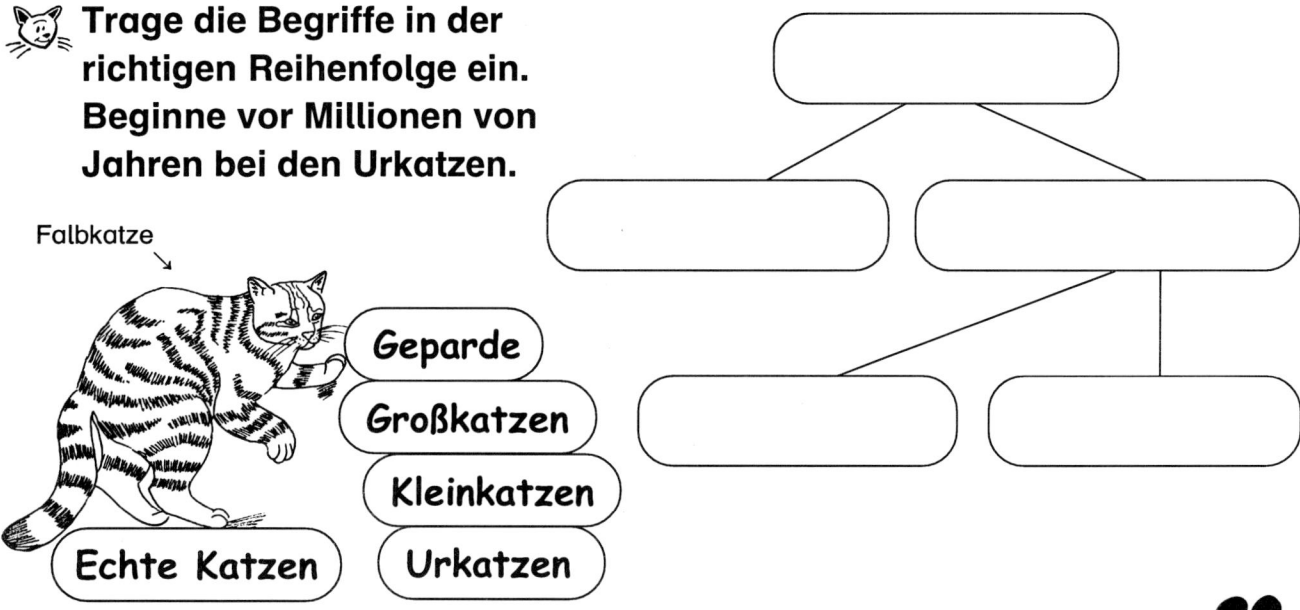

Falbkatze

Geparde

Großkatzen

Kleinkatzen

Echte Katzen

Urkatzen

Katzen-Geschichte

 Lies dir die folgenden drei Abschnitte genau durch. Du erfährst, welche Stellung Katzen in verschiedenen Ländern vor vielen Jahren hatten.

Katzen in Ägypten

Die Ägypter waren die ersten Menschen, die sich mit den Wildkatzen beschäftigt haben. Sie haben sie sogar als Götter verehrt. Die Ägypter glaubten, dass die Katze heilig ist und das Heim, die Mütter und Kinder beschützt. Katzen konnten, so glaubten die Menschen damals, böse Geister vertreiben. Niemand durfte einer Katze etwas zuleide tun. Wenn eine Katze starb, wurde sie in einen goldenen Sarg gelegt und bekam Spielzeug sowie Mäuse mit hineingelegt.

Katzen in China

In China kennt man Katzen schon seit 3000 Jahren. Dort wurden sie als Mäusefänger und als Uhr benutzt. Die Chinesen glaubten, an den Katzenaugen die Tageszeit und die Stunde des Tages ablesen zu können. So komisch wie sich das auch anhört – es funktioniert sogar. Weil die Augen der Katzen ganz stark auf Licht reagieren, kann man natürlich sagen, ob es Nacht, Dämmerung, heller Tag oder später Abend ist.

Wenn es hell ist, ist die Pupille in der Mitte des Auges fast geschlossen, also ganz schmal. Wenn es dunkel ist, ist die Pupille weit geöffnet.

Katzen in Europa

Als sich in Europa der christliche Glaube verbreitete, wurden die Katzen gejagt und getötet. Denn die Christen glauben an nur einen Gott im Himmel. Weil aber die Katzen zeitweise als Götter verehrt wurden, waren die Christen der Meinung, dass die Katzen für ihren Gott gefährlich seien und mit dem Teufel oder Hexen verbündet sind. So wurden Katzen lebendig eingegraben, verbrannt oder von Türmen gestürzt.

Zum Glück ist seit 500 Jahren niemand mehr dieser Meinung. Selbst zu der Zeit, als die Katzen gejagt wurden, gab es viele reiche Bauern, die die Katzen mochten und bei sich leben ließen. Denn Katzen waren auch früher schon gute Mäusefänger.

 Schaue auf der Landkarte nach, wo Ägypten, China und Europa liegt.

 Wie sind Katzen heute angesehen? Schreibe in dein Heft oder auf ein liniertes Blatt, welche Stellung und Aufgabe Katzen bei uns heute haben!

© Verlag an der Ruhr, Postfach 10 22 51, 45422 Mülheim an der Ruhr, www.verlagruhr.de

Die Katzen Werkstatt

Großkatzen und Kleinkatzen

Alle Katzenarten, die es gibt, kann man in **Groß-** und **Kleinkatzen** einteilen. Wer von euch jetzt glaubt, dass große Katzen zu den Großkatzen gehören und kleine Katzen zu den Kleinkatzen, der hat leider falsch vermutet. Die Größe der Katzen ist für die Einteilung in Groß- und Kleinkatzen völlig unbedeutend. Wenn man nun eine Katze zuordnen möchte, müsste man eine sehr gefährliche Untersuchung an der jeweiligen Katze durchführen. Du müsstest deinen Kopf zum Beispiel in das Löwenmaul stecken und dich dort einmal genau umsehen. Die Großkatzen und die Kleinkatzen unterscheiden sich nämlich nur durch ein Zungenbein im Maul.

Bei den **Großkatzen** ist das Zungenbein sehr dehnbar, so dass sie sehr laut brüllen können. Sie können jedoch nur beim Ausatmen schnurren. Bei den **Kleinkatzen** ist das Zungenbein fest, so dass sie ununterbrochen knurren können.
Zu den **Großkatzen** gehören **fünf Arten** von Katzen: Und zwar der **Tiger, Löwe, Leopard, Schneeleopard und Jaguar**.
Alle übrigen Katzen gehören zu den **Kleinkatzen**. Dies sind unter anderem unsere **Hauskatze, der Puma, Luchs und Ozelot**.
Also durchaus auch große Katzen.

Zu welcher Gruppe gehören die Tiere jeweils? Ordne richtig zu!

○ **Tiger** ○

○ **Hauskatze** ○

○ **Puma** ○

○ **Löwe** ○

○ **Luchs** ○

○ **Ozelot** ○

○ **Leopard** ○

○ **Jaguar** ○

○ **Schneeleopard** ○

Großkatze ○

Kleinkatze ○

Großkatzen und Kleinkatzen (Fortsetzung)

Stell dir einmal vor, wie sich ein Rudel Löwinnen am späten Abend auf Beutezug begibt. Sie haben eine Herde Antilopen entdeckt und schleichen sich nun heran.

Welche besonderen Fähigkeiten müssen Katzen haben, um erfolgreiche Jäger zu sein? Schreibe deine Ideen auf:

_____

_____

_____

_____

_____

_____

_____

Lies dir nun den folgenden Text durch und ergänze deine Aufzählung.

Katzen sind gute Jäger, weil sie besonders **gut ausgebildete Augen** haben, mit denen sie ihre Beute erspähen. So können sie auch in der Dämmerung und in der Nacht auf Beutezug gehen. Großkatzen haben auch unglaublich **große** und **muskulöse Pfoten** mit **messerscharfen Krallen.**

Damit können sie die Beute packen und zu Boden zerren. Großkatzen haben ein **sehr scharfes Gebiss**, mit dem sie kraftvoll zubeißen können. So können sie ihre Beute mit einem Biss töten, ohne sie lange zu quälen. Sie sind **sehr gelenkig**, wendig und können recht **weite Angriffssprünge** unternehmen. Über kurze Strecken sind sie **sehr schnell** und können problemlos die Verfolgung von Beutetieren aufnehmen.

Das Katzengebiss

Das Gebiss ist bei großen und kleinen Katzen die Hauptwaffe. Mit dem Gebiss können Hauskatzen Mäuse fangen. Tiger packen Wildschweine und Löwinnen erlegen Zebras. Wenn du dir das vorstellst, weißt du sofort, wie stark das Gebiss sein muss. Es ist sehr scharf, spitz und auch für uns Menschen gefährlich. Vorne sitzen sechs ziemlich kleine, jedoch kräftige **Schneidezähne**. Die Schneidezähne benutzen die Katzen zum Fleischabreißen und Abknabbern der Knochen.

Sie dienen aber auch als Werkzeuge für die Krallenpflege. Jede Katze hat vier lange, kräftige **Eckzähne** an der Seite, die auch **Fangzähne** oder **Hakenzähne** genannt werden. Mit ihnen können die Raubtiere ihre Beute packen und mit einem schnellen Biss töten. Hinter den Fangzähnen kommt jeweils eine Reihe **Mahl-** und **Backenzähne**. Mit den Backenzähnen zerkleinert die Katze Fleischstücke. Katzen kauen übrigens nicht! Sie schlucken immer ganze Stücke hinunter.

 Beschrifte das Katzengebiss mit den Fachbegriffen.

Schneidezähne

Fang- und Hakenzähne

Mahl- und Backenzähne

Haarige Wesen

 Lies dir den Text aufmerksam durch. Unterstreiche die wichtigsten Sätze.

Katzen haben am ganzen Körper viele Haare, das **Fell**. Nur das kleine Näschen und die Fußballen sind ohne Haare. Das Fell schützt die Katzen vor Hitze und Kälte. Es dient aber auch als Schutz bei kleineren Raufereien. Wenn eine Katze von einer anderen angegriffen wird, verhaken sich die Krallen und Zähne zuerst im Fell und nicht so schnell in der Haut. Das Fell schützt auch vor Kratzwunden, die sich die Katzen beim Herumstromern sonst zuziehen könnten. Auch bei Löwe, Tiger, Puma und den anderen Wildkatzen hat das Fell die gleiche Aufgabe.

Wenn man eine Katze ganz genau betrachtet, kann man in der Nähe der Nase lange abstehende Haare erkennen. Das sind die **Schnurrhaare**. Die Schnurrhaare stehen wie Antennen ab und helfen der Katze ihren Weg zu finden. Die Schnurrhaare sind für die Katze wie eine Art Lineal. Wenn die Schnurrhaare durch ein Loch passen, weiß die Katze, dass sie mit ihrem ganzen Körper durch die Öffnung passt.
Auf dem Bild siehst du eine Birmakatze.
An den Beinen, am Kopf und am Schwanz ist sie braun-schwarz.
Die Pfoten sind hell-beige. Genau wie das Fell am Hals, am Bauch und am Rücken.

Male das Fell der Katze richtig an!

Wenn du einmal wissen möchtest, wie sich Katzen mit ihren Schnurrhaaren bewegen, dann spiele das Spiel: Schnurrhaar-Parcour (S. 64)!

Die Katzen Werkstatt

Die Katzenaugen

Wie du weißt, gehen Katzen in der Dämmerung oder sogar nachts auf die Jagd. Während wir am Abend im Garten kaum etwas sehen können und über jeden Stein stolpern würden, geht die Katze sehr sicher voran. Wieso kann sie das?

Katzen haben eine besondere Schicht auf den Augen, so dass sie bei Dämmerung sechsmal so gut sehen können wie wir Menschen. Für die Katzen reicht ein ganz kleiner Lichtstrahl aus, wie zum Beispiel das Mondlicht, um die Umwelt deutlich zu erkennen. Würdest du eine Katze in ein ganz dunkles Zimmer sperren, dann könnte auch sie nicht sehen. Bei Tageslicht sehen wir genauso gut wie die Katze.

Katzenaugen

Die besondere Schicht im Auge der Katzen bewirkt auch, dass die Katzenaugen im Dunkeln leuchten, wenn Licht darauf fällt. Sicherlich hast du das schon einmal gesehen. Es sieht manchmal etwas unheimlich aus. Weil die Reflektoren am Fahrrad im Dunkeln auch leuchten, wenn sie vom Licht angestrahlt werden, hat man sie auch Katzenaugen genannt.
Hast du an deinem Fahrrad Katzenaugen in den Speichen? Schaue einmal nach.

Wie die Augen der Menschen so verändert sich auch das Auge der Katze, wenn Licht hereinfällt.

 Schaue dir die Abbildungen genau an. Vergleiche! Was fällt dir auf?

Menschenauge

wenig Licht   **viel Licht**

 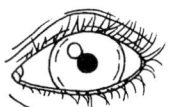

Katzenauge

wenig Licht   **viel Licht**

 Augen-Experiment

Suche dir einen Partner und setzt euch ans Fenster.
Schaue dir die Pupillen in den Augen deines Partners genau an.
Nun hält sich dein Partner für ca. 2–3 Minuten mit den Händen die Augen fest zu.
Wenn er die Augen wieder aufmacht, schaue ganz schnell auf seine Pupillen.
Was passiert? Berichte davon!
Wechselt euch ab.

Katzentatzen

Lies dir den Text aufmerksam durch.

Wie du sicherlich weißt, hat die Katze **Tatzen** oder **Pfoten** mit jeweils **5 Krallen**. Diese Krallen sind eine wichtige Waffe beim Jagen und bei der Verteidigung.

Die Katze kann ihre Krallen ein- und ausfahren. Wenn ein Kätzchen zu dir auf den Schoß kommt und gestreichelt werden will, sind die spitzen Krallen eingezogen und du spürst nur samtweiche Pfoten.

Wenn die Katze aber auf einen Baum klettern will oder auf ein Beutetier springt, fährt sie die Krallen heraus und kann sich so besser festhalten. Vielleicht bist du schon einmal von einer Katze gekratzt worden. Dann weißt du, dass das sehr schmerzhaft sein kann und schnell blutet!

Die Pfoten der Katze sind bei eingezogenen Krallen samtweich. Schau dir einmal die Zeichnung an, dann erkennst du an der Vorderpfote Polster oder **Ballen**. Diese Ballen fühlen sich samtweich an. Mit diesen Ballen kann die Katze ganz besonders leise schleichen.

Die Ballen sind zudem ein gutes Polster, wenn die Katze nach einem Sprung landet.

Wie du sicherlich schon einmal gehört hast, landen Katzen beim Fallen immer auf ihren Pfoten. Selten verletzen sie sich – selbst wenn der Sprung aus dem zweiten Stock eines Hauses erfolgt.

Katzen sind übrigens Zehengänger.

Sie laufen nur auf den Zehenspitzen.

Laufe heute in der Pause nur auf Zehenspitzen! Wie fühlst du dich?

© Verlag an der Ruhr, Postfach 10 22 51, 45422 Mülheim an der Ruhr, www.verlagruhr.de

Die Katzen Werkstatt

Katzenwäsche

 Lies dir den Text aufmerksam durch. Kannst du nun erklären, warum das Wort „Katzenwäsche" häufig nicht passt?

Hat schon mal jemand zu dir gesagt: „Na, heute hast du aber wieder nur eine Katzenwäsche gemacht!"? Dann wollte dir der andere sicherlich sagen, dass du dich sehr, sehr kurz und mit nur wenig Wasser gewaschen hast. Wenn du jedoch wirklich eine Katzenwäsche gemacht hättest, wärst du über 2 Stunden im Badezimmer gewesen.

Eine Katze verbringt nämlich 2 Stunden täglich damit den Körper sauber und fit zu halten. Die Katze bearbeitet den Körper mit ihrer Zunge, den Zähnen, Pfoten und Krallen. Dabei werden Schmutz, Staub, abgebrochene Haare und Ungeziefer entfernt.

Zusätzlich benötigt die Katze jeden Tag noch 10 – 20 Minuten für eine flüchtige Fell- und Hautwäsche. Das Fell wird dadurch einerseits von Staub befreit. Andererseits sorgt das Nasse auch für eine angenehme Kühlung der Haut. Genau wie bei uns der Schweiß. Wenn uns heiß ist, schwitzen wir.

Es bilden sich Schweißtropfen auf der Haut. Wenn nun Luft an die Haut kommt, bemerken wir eine Erfrischung. Wenn sich Katzen gegenseitig putzen, dient das natürlich auch der Fellpflege. Dieses gegenseitige Belecken und Umsorgen drückt aber auch Freundschaft und Zuneigung aus. Oft sieht man, dass sich zwei Katzen nach einem Streit versöhnlich ablecken. Klar! Die beiden vertragen sich wieder und machen Friedensangebote.

Die Katzenzunge

Die Zunge der Katze ist mit Horn belegt, so dass sie sehr huckelig ist. Wenn uns eine Katze über die Hand leckt, kratzt und kitzelt es sehr. Diese unebene Zunge dient dazu starken Dreck zu beseitigen. Mit der Zunge kann die Katze sogar kleinere Fleischfasern vom Knochen ablecken.

Katzenrassen

Bei den **Hauskatzen** gibt es verschiedene **Rassen**. Die Katzen der verschiedenen Rassen unterscheiden sich durch die Farbe des Fells und durch die Felllänge. Katzen, deren Fellfarbe und Felllänge gleich sind, gehören auf jeden Fall zur selben Rasse. Es gibt ungefähr 36 verschiedene **Edelkatzen**.

Edelkatzen haben nur Vorfahren derselben Rasse. Unsere Haus- und Hofkatzen sind meist keine Edelkatzen, sondern sogenannte **Mischlinge**. Das bedeutet, dass Uroma, Uropa, Oma, Opa, Vater und/oder Mutter aus verschiedenen Rassen sind.
Unten siehst du einige Rassekatzen.

 Lies dir die Beschreibungen zu den Katzen genau durch und male sie dann richtig an.

Türkische Katze:
weißes Fell, kastanienroter Schwanz, kastanienrote Flecken im Gesicht, gelbe Augen.

Russisch blaue Katze:
blaugraues Fell mit Silberschimmer, grüne Augen.

Japanischer Bobtail:
schwarz-rotes Muster an Rücken, Ohren, Kopf, Schwanz, der Rest des Fells ist weiß, gelbe Augen.

Siamkatze:
weißes bis beigefarbenes Fell, braun-schwarze Ohren, Schwanz, Pfoten, blaue Augen.

Katzenkinder

 Lies dir den Text gut durch.

Die Katze und der Kater können sich mehrmals im Jahr zusammentun und junge Katzen zeugen.
Du kannst auch den Fachbegriff **Paarung** verwenden.
Der Kater verlässt die Katze schon bald nach der Paarung wieder.
Die Katze bringt die Kleinen alleine zur Welt. Meist bekommt sie mit einem Mal, das heißt bei einem **Wurf**, vier bis fünf Junge.
Die kleinen Katzenkinder sind zu Beginn blind und müssen von der Mutter im Maul herumgetragen werden.

Die Mutter gibt den Kleinen Milch aus ihren Zitzen. Eine Woche nach der Geburt öffnen sich innerhalb von 2 – 3 Tagen die **Augen** der Katzenkinder. Erst mit 1 Monat können die Kleinen alles klar und deutlich sehen. Nun machen sie sich immer öfter neugierig auf den Weg, um die Welt zu erkunden.
Im zweiten bis dritten Monat lernen die Kinder alles Wichtige von der Mutter. Dazu gehört das Jagen, die Fellpflege, das Benutzen einer Katzentoilette und das Flüchten vor Feinden. Wenn die Katzen ungefähr 12 Wochen alt sind, trennen sie sich langsam von der Mutter.

 Lies die Fragen und schreibe die Antworten in dein Heft oder auf ein liniertes Blatt Papier.

1. Was bedeutet der Fachbegriff: Paarung?

2. Was ist ein Wurf?

3. Beschreibe genau, wie sich die Sehfähigkeit der Katzenkinder entwickelt.

4. Warum können die Katzenkinder nicht schon nach 4 Wochen von der Mutter weggehen?

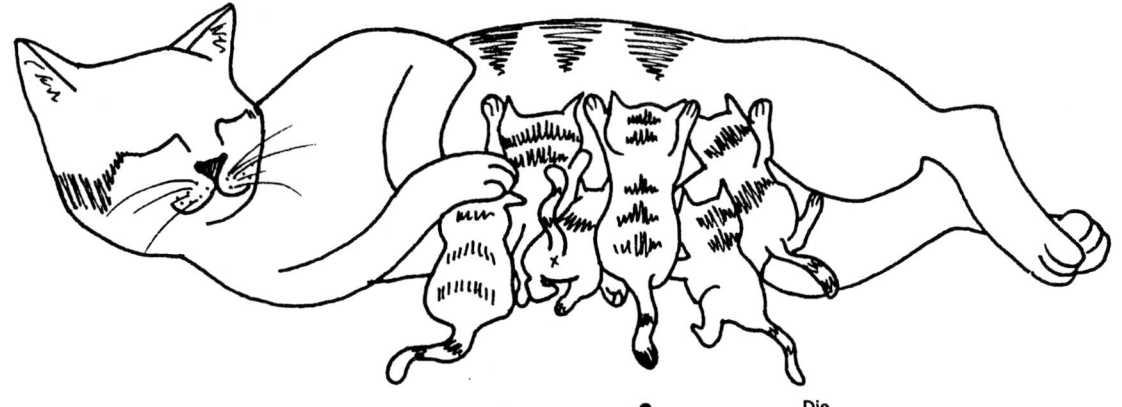

Schwarze Katzen
– Zauberkräfte

 **Lies dir folgende Aussagen einmal durch –
Aber pass auf, dass du vor Schreck keine
schlotternden Knie bekommst.**

> **Wenn dir eine pechschwarze Katze über den
> Weg läuft, so bringt das furchtbares Unglück!**
>
> **Schwarze Katzen sind mit dem Teufel
> oder Hexen verbündet!**
>
> **Schwarze Katzen haben magische Kräfte
> und können sich unsichtbar machen!**

Mmh! Glaubst du das?

Warum wird so etwas über schwarze Katzen erzählt? Fangen wir einmal damit an, dass schwarze Katzen angeblich Unglück bringen sollen. Schwarz steht aufgrund der Dunkelheit oft für schlechte oder unangenehme Dinge. Alle bösen Banditen in Filmen sind schwarz gekleidet; böse Hexen haben auf Bildern oder in Filmen oft schwarze Gewänder an; alles, was schmutzig ist, ist schwarz; und, und, und...
So denken manche Menschen, wenn sie das schwarze Fell sehen, sofort an schlechte Dinge – auch wenn die Katze lieb und schmusig ist! Weil auch Hexen schwarze Gewänder tragen und böse sind, dachte man früher: Hexen und Katzen sind schwarz, also sind sie beide böse. Du weißt natürlich, dass es gar keine Hexen oder Teufel gibt.

Was ist denn nun mit der Behauptung, dass sich schwarze Katzen unsichtbar machen können? Da musst du dir sagen lassen, dass sie dies wirklich können.
Natürlich sagen sie dafür keinen Zauberspruch. Wenn sich schwarze Katzen nachts draußen bewegen, kann man sie nur an ihren blitzenden Augen erkennen. Den restlichen Körper sieht man tatsächlich nicht. Hat eine Katze nun aber einen weißen Fleck, so kann man nicht nur die leuchtenden Augen, sondern auch den Fleck der Katze sehen. Nun brauchst du keine Angst mehr vor schwarzen Katzen zu haben. Schau dir ruhig mal eine schwarze Katze näher an. Ihr Fell glänzt in der Sonne besonders schön.

 **Spiele das Spiel: Armer
schwarzer Kater (S. 65)!**

Die
Katzen
Werkstatt

Das braucht eine Katze

Hast du dir schon einmal überlegt,
was Katzen zum Leben brauchen?
Die Beantwortung der Frage ist gar nicht so einfach!
Denn Katzen, die bei uns in der Wohnung leben,
haben andere Bedürfnisse als Katzen, die draußen leben.

Unten siehst du eine Wohnungskatze
und eine Straßenkatze. Daneben stehen Dinge,
die die jeweilige Katze benötigt. Ordne die
Begriffe mit zwei verschiedenen Farbstiften
richtig zu.

- Kratzbaum
- Fressnapf mit Futter
- Spielzeug
- ein trockenes, warmes Plätzchen
- Bürste
- Mäuse und Fliegen
- Halsband
- Trinknapf mit Wasser
- Katzentoilette
- Körbchen
- Pfütze oder Bach zum Trinken
- Flohhalsband

Das kostet eine Hauskatze – Preise

Anschaffungskosten:

Die Preise für Katzen sind sehr unterschiedlich. Wenn man eine reinrassige Katze haben möchte, kann man durchaus bis zu 500,- € ausgeben. Die Katzen im Tierheim freuen sich natürlich darüber, wenn du eine von ihnen kaufst. Eine ausgewachsene Katze kostet ungefähr 45,- € (mit Impfung) eine kleine kostet 35,- €. Oft bekommt man junge Kätzchen aber auch vom Bauern oder anderen Familien geschenkt. Da eine Katze oft bis zu fünf Junge bekommt, sind viele Familien froh, wenn die Kleinen in gute Hände verschenkt werden können.

Katzenausstattung:

Halsband =	4,- €
Flohhalsband =	3,- €
Katzenkorb =	15,- €
Kissen für den Katzenkorb =	12,- €
Katzentoilette =	8,- €
Streu für die Katzentoilette =	3,- €
Turn- und Kratzbaum =	35,- €
Katzenbürste =	5,- €
Fressnapf =	3,- €
Trinknapf =	3,- €
Spielmaus oder Spielball =	2,- €

Kosten für eine Katze im Monat:

Futter (Trockenfutter und Dosenfleisch) =	15,- €
Leckerchen zur Belohnung =	2,- €
Streu für die Katzentoilette =	3,- €

Zusätzliche Kosten im Jahr:

Tierarztuntersuchung	= 35,- €
Impfungen/Medikamente	= 13,- €

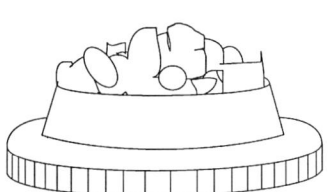

Die Katzen Werkstatt

23

Das kostet eine Hauskatze – Aufgaben

Es ist schon schön, wenn dir eine Katze um die Beine streicht, gemütlich schnurrt und von dir gestreichelt werden will.
Wenn man ein kleines Katzenkind auf der Hand hat, möchte man es am liebsten gar nicht mehr loslassen und sofort mit nach Hause nehmen.

Und wenn man so ein kleines Kätzchen sieht, glaubt man den Erwachsenen doch gar nicht, dass so etwas Winziges jeden Monat Geld kostet. Schnell denkt man: „Das bisschen bezahle ich von meinem Taschengeld."
Aber ginge das überhaupt?
Beantworte dir die Frage selber!

 Du brauchst Rechenpapier oder dein Matheheft und das Arbeitsblatt mit den Preisen für eine Katze. Lies dir die Aufgaben durch und rechne sie aus. Schreibe jeweils: Frage, Rechnung, Antwort!

Aufgabe 1
Du bekommst eine Katze geschenkt und benötigst eine komplette Katzenausstattung.
Frage:
Wie viel € musst du bezahlen?

Aufgabe 2
Überlege, wie viel Taschengeld du im Monat bekommst.
Frage:
Wie viele Monate musst du dein Taschengeld sparen, um alle Dinge kaufen zu können, die deine Katze benötigt?
(Für diese Aufgabe benötigst du das Ergebnis von Aufgabe 1)

Aufgabe 3
Diese Dinge benötigt deine Katze jeden Monat:

- Futter
- Katzenstreu
- Leckerchen
- Spielmaus

Frage 1:
Wie viel € benötigst du im Monat?
Frage 2:
Wie viel € kostet die Versorgung der Katze im Jahr?

Aufgabe 4
Für diese Dinge musst du jedes Jahr Geld ausgeben, wenn du eine Katze hast:
- Tierarztuntersuchungen
- Impfungen/Medikamente
Frage 1:
Wie viel € musst du für diese Dinge im Jahr ausgeben?
Frage 2:
Wie viel € sind das im Monat?

Die Katzen Werkstatt

Menschen sind wie Katzen

Häufig wird der Mensch mit der Katze verglichen, weil er genauso wie die Katze zwei Seiten haben kann. Mal hat der Mensch Lust zum Schmusen und ist lieb. Dann ist er jedoch schlecht gelaunt und schimpft herum. Sicherlich kennst du beide Gefühlsseiten gut. Hast du schon einmal so einen Spruch gehört: „Du bist aber heute eine alte Katze!"

Mit dem Spruch meint jemand, dass eine andere Person im Moment nicht gerade lieb, sondern eher kratzig ist und seinen eigenen Weg gehen will. Oder hat vielleicht schon einmal jemand zu dir gesagt: „Na, mein kleines Kätzchen!" Diese Bemerkung soll ein Kompliment sein. Du warst in diesem Moment sicherlich sehr lieb und wolltest kuscheln.

Schreibe einmal eine Situation auf, in der „Du bist aber eine alte Katze" zu dir gepasst hat.

_____

_____

_____

_____

Berichte nun von einer Situation, in der du ein liebes Kätzchen warst. (Wenn du nicht genügend Platz hast, nimm dein Heft oder ein Blatt Papier.)

_____

_____

_____

_____

Kennst du noch mehr Sprüche, in denen Menschen mit Katzen verglichen werden? Frage auch einmal deine Eltern und Freunde! Schreibe deine Ergebnisse hier auf.

_____

_____

_____

_____

Die Katzensprache

Wir Menschen können sagen: „Ich bin traurig, glücklich oder wütend." oder „Ich habe Hunger und Durst!". Die Katze kann dies jedoch nicht mit Worten. Sie zeigt ihre Gefühle und Wünsche durch ihre Körperbewegungen (**Körpersprache**).

Und durch die Art ihrer Laute (**Lautsprache**).
Wenn du eine Katze ganz genau beobachtest, kannst du erkennen, wie sie sich fühlt.
Teste nun einmal, ob du eine Katze verstehen würdest.

 Lies dir die Sätze genau durch und verbinde sie mit den richtigen Erklärungen!

Die Körpersprache der Katze.

Die Katze macht einen Buckel, sträubt ihre Haare und legt die Ohren nach vorne.
Die Katze sitzt zusammengekauert in einer Ecke und hat große, weit aufgerissene Augen.
Die Katze streicht um die Beine des Menschen.
Die Katze kauert sich zusammen, ist sehr wachsam und ihr Schwanz steuert aufgeregt hin und her.

Die Katze beobachtet etwas ganz genau. Sie liegt auf der Lauer und ist zum Angriffssprung bereit.
Achtung! Die Katze ist wütend und geht gleich zum Angriff über!
Die Katze möchte Futter, Aufmerksamkeit oder spielen.
Die Katze hat Angst.

Die Lautsprache der Katze

Die Katze schnurrt.
Die Katze miaut kläglich.
Die Katze miaut.
Die Katze faucht.

Sie möchte Futter haben oder es geht ihr nicht gut.
Sie droht und könnte angreifen.
Der Katze geht es so richtig gut.
Sie möchte Aufmerksamkeit haben oder mit dem Menschen spielen und schmusen.

Katzenerziehung

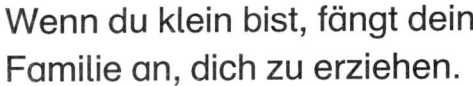

Wenn du klein bist, fängt deine Familie an, dich zu erziehen.
Das ist sehr wichtig, damit dir nichts passiert. Sie bringen dir zum Beispiel bei, dass du nicht an einen heißen Herd gehen sollst.
Regeln sind auch wichtig, damit du dich mit anderen Menschen verstehst. Sie sagen dir zum Beispiel, dass du „Bitte" und „Danke" sagen sollst.
Diese Höflichkeitsregeln sind auch dazu da, dass du Freunde findest und dich gut mit ihnen verträgst.

Genau wie dir deine Eltern Regeln beigebracht haben und dich somit erzogen haben, so bringen Katzenmütter ihren Kindern Regeln bei. Aber auch wir Menschen erziehen Katzen, damit sie sicher sind und ein Zusammenleben klappt. Bei der Erziehung einer Katze musst du jedoch folgende Regeln beachten: Wenn die Katze etwas nicht darf (wie z.B. auf den Frühstückstisch springen), dann sage laut und deutlich „Nein, Felix" (dabei immer den Namen der Katze sagen). Du darfst deine Katze aber auf keinen Fall erschrecken oder schlagen! Wenn deine Katze etwas richtig macht, lobe sie dafür mit Worten und Streicheleinheiten.

 Schreibe in dein Heft einige Regeln auf, die dir deine Eltern schon früh beigebracht haben (z.B. „Fasse den Herd nicht an!").

 Überlege einmal, welche Regeln das Kätzchen von der Mutter oder vom Menschen lernt. Verbinde!

Katzenmutter

| Das Kätzchen lernt eine bestimmte Stelle als Katzenklo zu benutzen. |
| Das Kätzchen lernt sich das Fell zu säubern. |
| Das Kätzchen lernt nur an bestimmten Stellen die Krallen zu wetzen. |
| Das Kätzchen lernt, dass es nicht auf den Frühstückstisch klettern darf. |
| Das Kätzchen lernt, wie es sich als Mutter zu verhalten hat. |

Mensch

© Verlag an der Ruhr, Postfach 10 22 51, 45422 Mülheim an der Ruhr, www.verlagruhr.de

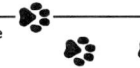 

Die
Katzen
Werkstatt

Hund und Katze

Hast du schon einmal gehört, wie ein Erwachsener
zu zwei streitenden Kindern gesagt hat:
„Ihr seid wie Hund und Katze!"?

Was könnte damit wohl gemeint sein? Überlege einmal kurz mit deinem Partner. Schreibt eure Erklärung auf ein Blatt Papier auf.

Bestimmt habt ihr herausgefunden, dass sich die beiden Kinder genauso wenig verstehen wie ein Hund und ein Katze – nämlich gar nicht! Aber stimmt das denn überhaupt???

Katzen und Hunde können durchaus richtig gute Freunde werden. Das gelingt am besten, wenn eine kleine Katze in die Familie und zum Hund kommt. Wenn die beiden Freundschaft geschlossen haben, dann darf die Katze sogar aus dem Hundenapf mitfressen. Der Hund beschützt die Katze vor Fremden und teilt sich oft mit ihr das Körbchen. Die Katze hat vor dem Haushund keine Angst mehr und schnurrt ihn sogar zufrieden an. Fremde Hunde behandelt die Katze aber immer noch zurückhaltend. Oft entsteht die Feindschaft zwischen Hund und Katze, wenn der Hund laut bellend auf die Katze zuläuft.

Vermutlich möchte der Hund mit dem Bellen einfach nur seine Neugier ausdrücken – doch die Katze hält das Bellen für ein Angriffssignal und rennt weg. Der Hund findet das toll und läuft hinterher. Die Katze versteht die Verfolgung nicht als Spiel, sondern hat Angst um ihr Leben. Hunde und Katzen haben eine verschiedene Körpersprache. Wenn der Hund seine Pfote hebt, möchte er Kontakt. Zeigt die Katze dagegen ihre Pfote, will sie sich verteidigen und angreifen. Schwanzwedeln beim Hund bedeutet Freude. Bei der Katze bedeutet es „Vorsicht!" oder „Achtung, ich greife gleich an!".

Katzenfreundschaft

Manche Katzen schließen sogar mit Hausmäusen, Haushamstern und Hausvögeln Freundschaft. Ein Wellensittich, der in der Wohnung herumfliegt, wird dann nicht genüsslich verspeist, sondern liebevoll im Maul zurück zum Käfig getragen.

Katzenkrankheiten

Wenn eine Katze gesund ist, erkennst du das:

- am glänzenden Fell
- an den offenen, klaren Augen
- an der sauberen Nase

- am guten Appetit
- an dem fast geruchlosen Fell
- am geräuschlosen Atmen

Weil Katzen stumm leiden, muss man als Katzenbesitzer sein Tier ganz genau beobachten.
Es ist sehr wichtig, dass die Katze eine gesunde Nahrung bekommt. So wird sie nicht so schnell krank.

Manche Krankheiten kann man verhindern, indem man die Katzen beim Tierarzt impfen lässt.
Wenn die Katze auch nach draußen geht, sollte sie ein Halsband tragen, das Ungeziefer wie Flöhe abhält.

Katzen können krank machen

Meistens ist es total ungefährlich mit Katzen zu spielen und herumzutoben. Es gibt jedoch zwei Momente, in denen eine Schmuserunde mit Katzen sehr gefährlich werden kann. Lies dir folgendes einmal gut durch.

Toxoplasmose

Toxoplasmose ist eine Katzenkrankheit und bildet sich im Kot der Katzen. Da die Menschen das Katzenklo sauber machen, können sie sich mit der Krankheit anstecken. Wenn der Mensch gesund ist, wird ihm etwas übel und die Krankheit geht schnell vorüber. Wenn jedoch eine Frau schwanger ist und die Krankheit bekommt, kann das Baby im Bauch ganz schlimm im Gehirn und an den Augen erkranken.

Katzenallergie

Manche Menschen sind allergisch gegen Tierhaare. Wenn sie eine Katze anfassen, tränen die Augen, die Nase läuft oder das Atmen fällt schwer. Manche Leute reagieren schon, wenn sie die Katzen gar nicht berühren, sondern nur mit ihnen in einer Wohnung sind. Wenn ein Mensch sehr anfällig ist, kann sogar Atemnot entstehen und das Leben in Gefahr sein. Bevor man sich eine Katze kauft, sollte man sicher sein, dass man nicht allergisch ist.

Lies dir die Fragen durch und beantworte sie schriftlich.

1. Woran erkennst du, dass die Katze gesund ist?
2. Was kann ein Katzenbesitzer tun, damit seine Katze gesund bleibt.
3. Woran merkt man, dass man gegen Katzen allergisch ist?

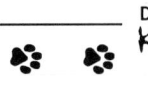 

Bianca besucht die Katze Leonie (1)

 Lies dir die Geschichte gut durch. Unterstreiche alle Informationen, die du über Katzen bekommst.

Bianca war ganz aufgeregt, denn sie durfte heute ihre neue Freundin Cordula besuchen. Bianca war neu in die Gegend gezogen und kam aus einer anderen Stadt. So langsam gefiel es ihr in ihrer neuen Umgebung schon ganz gut. Ihre Eltern hatten ein kleines Häuschen gemietet und sie hatte sogar ein eigenes Zimmer bekommen.

Bianca fand Cordula sofort beim ersten Mal, als sie sie gesehen hatte, sehr nett. Cordula hatte einen lustigen Pferdeschwanz mit vielen Perlen im Haar. Aber besonders gut hatte ihr gefallen, dass Cordula eine grau-weiß getigerte Katze auf dem Arm hatte. „Eine Hauskatze. Sie heißt Leonie", hatte Cordula ihr erklärt. Dann hatte sie gesagt: „Komm doch morgen Nachmittag mal bei mir vorbei! Leonie hat 4 Junge bekommen. Die musst du unbedingt sehen."

So hatte sich Bianca heute auf den Weg gemacht um Cordula, Leonie und die Katzenkinder zu besuchen. Sie war ein wenig aufgeregt und schellte mit feuchten Fingern.

„Hallo!", rief Cordula und lachte ihr entgegen, als sie die Tür öffnete.

„Komm schnell herein! Dann kannst du sehen, wie Leonie ihre Kinder säugt." Bianca lief hinter der neuen Freundin her, hinaus in den Garten bis zum Gartenhäuschen. Dort sah sie die Katzenmutter mit ihren Jungen. „Sind die aber süß!", schwärmte Bianca und bestaunte den Nachwuchs. „Aber warum haben sie denn noch die Augen zu? Sind sie krank?" fragte Bianca. „Nein!" lachte Cordula. „Junge Kätzchen haben ihre Augen zu, bis sie so ungefähr eine Woche alt sind. Erst dann können sie sehen. Schau mal, Leonie legt sich auf die Seite und die Kleinen können bei ihr Milch aus den Zitzen säugen." „Wie finden die Kinder denn die Zitzen? Sie können doch nichts sehen!", staunte Leonie. „Sie riechen die Mutter und bewegen sich zu ihr hin. Leonie zeigt ihnen auch den Weg. Später, wenn die Kätzchen 2–3 Monate alt sind, nimmt Leonie sie mit auf die Jagd. Sie zeigt ihnen, wie man Mäuse oder Insekten fängt. Die Kleinen machen das nach und – Schwups – können sie es dann auch", berichtete Cordula. „Hat Leonie schon mal Kinder bekommen?", wollte Bianca wissen. „Oh, das ist so eine Sache. Im letzten Jahr hat Leonie 5 Kätzchen gehabt. Wenn Katzen einen Kater finden, können sie mindestens zweimal im Jahr Kinder haben. Katzen sind auch nur 9 Wochen schwanger.

Nicht so wie die Mütter bei uns Menschen. Die sind ja 9 Monate schwanger." Cordula legte den kleinen Kater wieder hin. „Sie sind erst eine Woche alt und brauchen noch viel Ruhe.

Zwei der Katzenkinder haben schon ein neues Zuhause in Aussicht. Der Kater hier und die Katze da sind noch zu verschenken. Wenn sie zwölf Wochen alt sind, müssen wir sie abgeben. Willst du nicht eine haben?" Cordula zeigte auf den kleinen Kater und auf ein genauso schönes kleines Kätzchen. Biancas Herz hüpfte in die Höhe: „Mensch, das wär was. Ich würde sofort beide nehmen. Aber natürlich muss ich erst meine Eltern fragen. Wir haben ja jetzt einen Garten. Da könnten sie gut rumlaufen." Bianca malte sich schon aus, mit welchem unwiderstehlichen Blick sie ihre Eltern nach dem Kätzchen fragen würde. Leonie stand auf, reckte sich und lief in den Garten hinaus. „Muss sie denn nicht auf ihre Kinder aufpassen?", fragte Bianca erstaunt. „Eigentlich schon. Sie weiß aber, dass die Kleinen hier sicher sind. Leonie bleibt höchstens ein paar Minuten weg. Dann ist sie wieder da. Katzen würden ihre Jungen sogar vor dem gefährlichsten Hund verteidigen."

Die beiden Mädchen folgten der Katze hinaus in den Garten.

Leonie balancierte oben auf der Gartenmauer. „Die kann aber gut balancieren!", sagte Bianca. „Ja!", bestätigte Cordula. „Die ist besser als jeder Zirkusakrobat. Katzen sind nämlich schwindelfrei. Ach, du musst mal sehen, wie Leonie springen kann. Die schafft zwei Meter hohe Sprünge. Das sieht aus, als ob sie fliegt. Der lange Schwanz der Katze hilft ihr das Gleichgewicht zu halten und die Sprünge zu steuern. Ist schon nicht schlecht."

„Oh ja, das wäre bei mir in der Schule beim Weitsprung wichtig", kicherte Bianca. „Woher weißt du eigentlich so viel über Katzen?", wollte Bianca wissen. „Ach, das ist eine lange Geschichte! Ich machs mal kurz. Also meine Tante Ursula hat drei Katzen, mein Onkel Walter hat zwei und wir haben erst den Kater Krümel gehabt und seit 4 Jahren Leonie. Wie du siehst, besteht unsere Familie aus Menschen und Katzen", Cordula lachte und schlug Bianca vor eine kalte Limonade im Haus zu trinken. „Oh ja!", stimmte Bianca zu und dachte: „Vielleicht wird unsere Familie ja auch mal eine Familie aus Menschen und Katzen – zumindest einer!"

Pro-Kontra zum Thema Katze

Wie du in der Geschichte: „Bianca besucht die Katze Leonie"(S. 30, 31) gelesen hast, hat Cordula noch einen kleinen Kater und eine kleine Katze, die ein neues Zuhause suchen.

Bianca möchte gerne ein kleines Katzenkind bei sich aufnehmen. Natürlich muss sie zuerst ihre Eltern fragen und will dabei einen unwiderstehlichen Blick aufsetzen.

Überlege einmal, was für eine Katze spricht, also warum die Eltern mit einer Katze einverstanden sein könnten. Diese Argumente nennt man **Pro-Argumente** (Für-Argumente). **Denke darüber nach, was die Eltern gegen eine Katze haben könnten.** Das sind die **Kontra-Argumente** (Gegen-Argumente).

Frage auch deine Eltern, Verwandte oder Freunde. Trage deine Ergebnisse in eine Tabelle ein. Führt eine Diskussion in der Klasse durch.

Kontra	Pro
Das spricht *gegen* eine Katze:	Das spricht *für* eine Katze:
Überall liegen Katzenhaare herum.	Katzen sind sehr saubere Tiere.

Macht ein kleines Rollenspiel.

Ihr braucht:
Mutter
Vater
1–2 Kinder

Überlegt euch genau, wer welche Meinung vertritt: Also wer FÜR und wer GEGEN eine Katze ist. Versucht im Spiel den anderen von eurem Wunsch zu überzeugen und denkt euch eine Lösung des Problems aus. Wechselt auch einmal die Rollen.

Jan ist traurig

 Lies dir die Geschichte gemeinsam mit einem Partner durch. Sprecht über die Geschichte.

Jan kam schluchzend in die Küche. Mit voller Wucht schleuderte er die Schultasche gegen den Kühlschrank, trat mit einem lauten Krawumm gegen den nächsten Stuhl und ließ seinen Kopf auf den Küchentisch fallen. Dabei gab es einen lautes Geräusch. Mama sah Jan sprachlos an und rieb sich den eigenen Kopf, weil Jans Aufprall sicherlich weh getan haben musste. Jan schluchzte und murmelte immer wieder: „So eine Gemeinheit! So eine verdammte Gemeinheit!" Mama setzte sich neben Jan und legte vorsichtig ihre warme Hand auf seinen Arm. Sie wusste, dass irgendetwas Schlimmes geschehen sein musste. „Was ist passiert, Jan?", fragte sie leise. Jan schluchzte und plötzlich schmiss er sich in ihre Arme. Mama drückte ihn ganz fest und streichelte seinen Rücken. Nach vielen tiefen Schluchzern stammelte Jan: „Fritz, Fritz ist tot. Er liegt draußen auf der Straße." Und wieder strömten Jan die Tränen übers Gesicht. Fritz war ihr Kater, der vor zwei Jahren plötzlich vor der Tür gestanden hatte und geblieben war. Er lebte draußen, kam aber täglich zum Fressen. Zudem holte er sich regelmäßig seine Streicheleinheiten ab. Jeder hatte Fritz lieb. „So eine verdammte Gemeinheit!

Irgendein blödes Auto hat den armen Fritz angefahren", weinte Jan weiter. „Jetzt liegt er am Straßenrand und bewegt sich nicht mehr. Er ist schon ganz kalt. Ich hab ihn noch gestreichelt." Mama drückte Jan ganz fest. Sie wusste, dass Jan nun viel weinen musste und noch lange an Fritz denken würde. Auch sie wurde traurig. „Sollen wir Fritz in unserem Garten beerdigen?", fragte Mama leise. „Ja", flüsterte Jan. „Dann ist er wenigstens bei uns!"

 Beantworte die Fragen gemeinsam mit deinem Partner.

1. Kannst du verstehen, warum Jan so traurig ist?
2. Bist du auch schon einmal in einer Situation gewesen, in der du etwas verloren hast, was du sehr geliebt hast? Berichte davon.

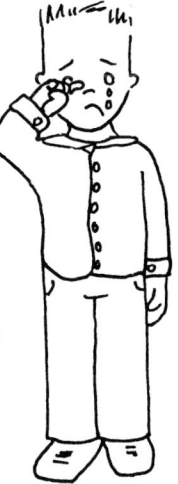

Lies dir den Artikel durch. Was sagst du dazu?

Jährlich sterben in Deutschland ungefähr 300 000 Katzen auf der Straße, weil sie von Autos oder Lkws überfahren werden. Wenn die Fahrer die Katze sehen, ist es zum Bremsen meist schon viel zu spät. Zudem werden über 250 000 Katzen abgeschossen oder von Hunden getötet, weil sie in Feldern und Wäldern herumstreunen.

Katzenfreund – Test

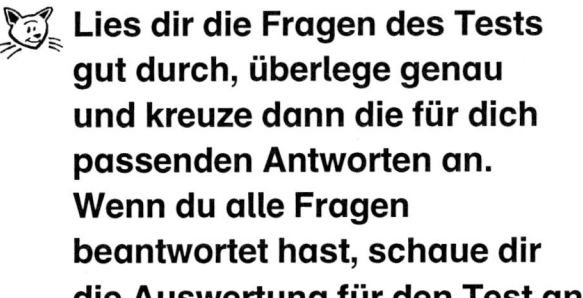

Würdest du total gerne eine niedliche, schmusige Katze haben?
Mache doch nun einmal einen kleinen Test, ob du überhaupt ein guter Katzenfreund wärst und ob eine Katze bei dir auch richtig leben könnte.

Lies dir die Fragen des Tests gut durch, überlege genau und kreuze dann die für dich passenden Antworten an. Wenn du alle Fragen beantwortet hast, schaue dir die Auswertung für den Test an!

Test Bist du ein Katzenfreund?	Ja	Nein
Eine Katze lebt ungefähr 12 Jahre. Bist du dir ganz sicher, dass du dich in diesen 12 Jahren immer gut um deine Katze kümmern willst?		
Mögen deine Eltern auch Katzen?		
Mögen deine Geschwister Katzen?		
Bist du gesund und hast keine Katzenallergie?		
Deine Familie ist gesund und keiner hat eine Katzenallergie?		
Hast du genug Geld, um alle nötigen Dinge für die Katze kaufen zu können? (siehe Arbeitsblatt S. 23/24)		
Würden deine Eltern jeden Monat das Futter für deine Katze kaufen? (Das Futter kostet im Monat ca. 33,-DM)		
Hast du täglich mindestens 1 Stunde freie Zeit, in der du dich nur um deine Katze kümmern kannst?		
Würden dir deine Eltern bei deiner Arbeit mit der Katze helfen?		
Gibt es in der Wohnung einen ruhigen Platz, an dem das Katzenkörbchen ungestört stehen kann?		
Ist eure Wohnung groß genug, damit die Katze sich viel bewegen kann?		
Gibt es jemanden, der die Katze pflegt, wenn du in den Urlaub fährst?		

Auswertung

Zähle nun die Antworten, bei denen du mit „Ja" geantwortet hast!
Es sind:_____!
Hast du mehr als 10 Fragen mit „Ja" beantwortet, hast du sehr gute Voraussetzungen dafür, dass sich eine Katze bei dir richtig wohl fühlt.

Wenn du nur 9 Fragen oder sogar weniger mit „Ja" beantwortet hast, solltest du noch einmal überlegen, ob die Katze wirklich in deiner Wohnung ein gutes Zuhause finden würde!

Die Katzen Werkstatt

34

Der Löwe – eine Großkatze

 Male den Löwen richtig an.

Steckbrief des Löwen

Lebensraum:
Afrika
Körperlänge (mit Schwanz):
210 – 330 cm
Schwanzlänge:
70 – 105 cm
Gewicht:
120 – 250 kg
Höchstalter:
frei 16 – 20 Jahre
im Zoo bis 34 Jahre
Fellfarbe:
gold-braun/beige

Lies dir den Text gut durch und beantworte die Fragen!

Der Löwe gehört zu den Großkatzen und lebt in den **Savannen Afrikas**. Savannen sind Landschaften mit hohem Gras, Büschen und einzelnen Bäumen. Löwen leben in kleinen Familien und **Rudeln**. Eine Löwin bekommt meistens 2 – 3 Junge, die Welpen genannt werden. Die Mutter trägt sie am Anfang ganz liebevoll im Maul überall mit sich herum.

Wenn es dunkel wird, begeben sich die Löwenweibchen meistens gemeinsam auf die **Jagd**. Die Löwinnen machen Jagd auf Antilopen, Gazellen, Zebras und Büffel. Dabei schleichen sie sich durch das hohe Gras an die Opfer heran und stürmen dann zu einem Blitzangriff. Die Löwen können dann bis zu 60 km/h schnell laufen.

Das ist noch ein bisschen schneller, als Autofahrer in der Stadt fahren dürfen. Die Löwin, die das Opfer als erstes packt, tötet es mit einem einzigen kräftigen Biss. So muss die Beute nicht lange leiden. Haben die Löwinnen ein Tier gepackt, bringen sie es zu ihrem Rudel zurück. Und nun darf der Löwenmann – obwohl er bei der Jagd nur zugeschaut hat – als erster fressen. Dann erst dürfen die Weibchen und die Kinder fressen. Sind die Löwen satt, liegen sie den ganzen Tag faul herum.

1. Wo lebt der Löwe? Schaue auf einer Landkarte nach, wo Afrika liegt!
2. Was ist ein Rudel? Wenn du die Antwort nicht weißt, schlage im Lexikon nach.
3. Beschreibe, wie Löwinnen auf die Jagd gehen.

Der Löwe – König der Tiere?

🐱 **Schaue dir ein Löwenbild genau an und überlege, warum er „DER KÖNIG DER TIERE" genannt wird?**

🐱 **Schreibe deine Begründung für den Titel hier auf.**

_____

_____

_____

_____

_____

🐱 **Lies dir die Antwort durch und vergleiche sie mit deinen Überlegungen!**

Ein Grund für den Titel „König" ist die auffallend prächtige Mähne, die das Männchen am Kopf und Vorderleib hat. Sie lässt den Kopf groß, majestätisch und geschmückt erscheinen.

Wenn der Löwe geht, scheint er königlich voranzuschreiten. Er hebt dabei stolz seinen Kopf, ist ganz aufgerichtet und geht sehr elegant. Aber nicht nur sein Aussehen macht den Löwen zum König. Hast du einen Löwen im Zoo schon einmal richtig brüllen gehört? Wenn du es gehört hast, ging dir sicherlich ein Zucken durch den Körper.

Vielleicht hast du vor Schreck auch eine Gänsehaut bekommen. Der Löwe kann nämlich äußerst laut brüllen, so dass man es noch mehrere Kilometer weit hört. Und das Gebrüll klingt nicht schnurrig wie bei einem kleinen Kater, sondern wirklich zum Fürchten!

Löwen und der Schlaf

Wie viel Stunden schläfst du pro Tag/Nacht?

Antwort: _____

Sicherlich hast du ungefähr 7 – 9 Stunden aufgeschrieben. Das ist eine Zeit, die dir zum Ausruhen ausreicht und du kannst 15 – 17 Stunden pro Tag viele Dinge unternehmen. Löwen schlafen in der Regel 20 Stunden am Tag. Sie sind also nur 4 Stunden pro Tag richtig aktiv und fit.

Löwen-Männchen
Löwen-Weibchen

Löwen haben eine beige-braune Fellfarbe. Da die Löwen in Gegenden mit trockenem Gras leben, können sie sich mit ihrer Fellfarbe gut verstecken. Auffällig ist, dass Löwen recht große, runde Ohren haben. So entgeht ihnen kaum ein Geräusch. Löwen haben, genau wie Katzen, einen langen Schwanz.

Der Schwanz wird an der Spitze buschig wie ein Pinsel. Genau wie Katzen, können die Löwen mit dem Schwanz ihre Sprünge steuern. Wodurch unterscheiden sich die Löwenmännchen von den Löwenweibchen eigentlich? Klar, nur der Löwenmann hat die prächtige Mähne an Kopf und Brustbereich! Zudem sind die Männchen auch größer als die Weibchen. Aber Achtung! Ein Löwenmann bekommt erst mit ungefähr drei Jahren seine Mähne – bis dahin sieht er den Weibchen sehr ähnlich.

Nun weißt du, wie sich Männchen und Weibchen bei den Löwen unterscheiden. Zeichne die fehlenden Dinge richtig ein. Du kannst die Löwen dann auch noch in der richtigen Farbe anmalen.

Löwen - Männchen

Löwen - Weibchen

© Verlag an der Ruhr, Postfach 10 22 51, 45422 Mülheim an der Ruhr, www.verlagruhr.de

Die
Katzen
Werkstatt

Der Tiger – eine Großkatze

 Male den Tiger richtig an.

Steckbrief des Tigers

Lebensraum:
Asien
Körperlänge (mit Schwanz):
240–390 cm
Schwanzlänge:
70–100 cm
Gewicht:
110–320 kg
Höchstalter:
frei 18–20 Jahre
im Zoo bis 26 Jahre
Fellfarbe:
beige mit
schwarzbraunen Streifen

Lies dir den Text gut durch und beantworte die Fragen.

Tiger leben in Asien in Wäldern und Gebieten mit Seen. Ihr Fell schützt sie vor Kälte und vor zu starker Hitze, so dass sie sich in vielen Gebieten wohl fühlen.
Der Tiger lebt meistens alleine und ist deshalb ein Einzelgänger.
Tagsüber schlafen Tiger, deswegen siehst du sie im Zoo am Tag häufig faul in der Ecke liegen. In der Nacht gehen sie in der freien Wildbahn auf Nahrungssuche. Sie jagen und fressen Hirsche, Wildschweine, Büffel, Affen, Frösche, Fische und viele Kleintiere. Hirsche und Büffel sind größer als der Tiger. Weil er aber so viel Kraft hat, kann er auch diese großen Tiere jagen und töten.

Damit ein Tiger überleben kann, muss er im Jahr ungefähr 70 Hirsche fressen. Tiger haben bestimmte Jagdreviere. Das sind sehr große Gebiete, in denen nur ein Tiger jagt und kein anderer. Du kannst es dir wie unsere Hausgärten vorstellen. Jeder hat seinen eigenen Garten zum Spielen. Auch die Jagdreviere der Tiger sind eingezäunt. Natürlich stellen die Tiger keine Zäune auf. Sie markieren mit ihrem Harn, also dem Pipi, ihr Revier. So riechen andere Tiger sofort: „Aha! Hier wohnt und jagt schon jemand. Ich muss mir ein anderes Gebiet suchen, sonst gibt es Ärger!"

1. Wo lebt der Tiger? Schaue auf einer Landkarte nach, wo Asien liegt.
2. Welche Tiere frisst der Tiger?
3. Was ist ein Jagdrevier?

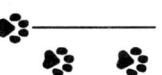 

Der Tiger – Wissenswertes

Tiger-Nachwuchs

Wie du schon gelesen hast, sind Tiger Einzelgänger. Um Tigerbabys zu bekommen, müssen sich aber auch Männchen und Weibchen treffen. Dazu besucht das Männchen das Weibchen in seinem Revier. Die beiden bleiben dann einige Tage zusammen und paaren sich. Dann verschwindet der Tigermann wieder in sein Gebiet. Das Weibchen bekommt 2 – 4 Junge.

Auch Tiger können schnurren!

Bei unseren Hauskatzen kannst du oft das gemütliche Schnurren hören, wenn sie gestreichelt werden oder zufrieden in der Sonne liegen. Es ist schön, Katzen schnurren zu hören. Hauskatzen schnurren beim Ein- und Ausatmen. Tiger können nur beim Ausatmen schnurren. Es klingt genauso zufrieden und friedlich wie bei den kleinen Katzen. Aber schmusen sollte man mit einem Tiger trotzdem lieber nicht.

 Suche dir einen Partner und schnurre ihm etwas vor. Schnurre einmal wie eine Katze – also beim Ein- und Ausatmen. Schnurre dann wie ein Tiger – also nur beim Ausatmen.

Tiger-Sprünge

Der Tiger kann bis zu 10 Meter weit springen! Wie weit springst du?

 Suche dir einen Partner und messt mit einem Maßband eure Sprünge ab. Markiert euren Sprung. Messt dann im Vergleich, wie weit der Tiger springt. Na? Was sagt ihr dazu?

Der Tiger als Schmusetier?

Obwohl die Tiger im Zoo so friedlich aussehen und man sie gerne kuscheln möchte, sind sie immer noch Raubkatzen und sehr gefährlich. Du kannst den Jagdinstinkt des Tigers auch noch nach jahrelanger Gefangenschaft erkennen. Verirrt sich einmal ein Vogel oder Igel in ein Tigergehege, wird sofort Jagd auf die Beute gemacht. Und: Der Tiger hat Erfolg!

Die **Katzen** Werkstatt

Der Tiger und seine Streifen

Hast du dich schon einmal gefragt,
warum der Tiger Streifen hat?

Ist es, damit wir ihn von den anderen
Großkatzen besser unterscheiden können?

Oder damit er viel modischer aussieht?
Kann man daran vielleicht sein Alter
erkennen – jeder Streifen steht für ein Jahr?

Wenn du jetzt denkst: „Alles Quatsch!", dann liegst du genau richtig. Und nun zur Antwort: Der Tiger lebt in Wäldern und Graslandschaften. Wenn er abends oder nachts auf die Jagd geht, versteckt er sich oft zwischen hohen Gräsern. Sein schwarz gestreiftes Fell ist ihm dabei sehr nützlich. Es sieht in der Dämmerung nämlich aus wie Gräser oder ihre Schatten. Die Streifen dienen der **Tarnung**. Nun nähern sich die Beutetiere ohne Angst diesem Grasbüschel oder das Gras schleicht sich sehr nah an die Beute heran. Erst viel zu spät erkennen die Hirsche, Antilopen oder Wildschweine, dass das Grasbüschel ein Tiger und damit eine tödliche Gefahr ist.

 Auf der Zeichnung unten siehst du zwei Tiger ohne Streifen im hohen Gras stehen.
Male einem Tiger mit einem schwarzen Buntstift die Streifen auf das Fell. Nun wirst du erkennen, wie gut die Streifen als Tarnung dienen.

Rettet den Tiger!

Lies dir den Text aufmerksam durch.

Der Tiger hat unter den Tieren keine Feinde. Der einzige Feind des Tigers ist der Mensch.

Weil die Menschen Spaß am Jagen haben und das Tigerfell so schön aussieht, werden viele Tiger getötet. So sind von den acht Tigerarten die es einmal gab, schon drei Arten ausgestorben. Das heißt, von diesen drei Arten gibt es keinen einzigen Tiger mehr und wird es auch nie wieder geben. Vor 100 Jahren gab es in Indien noch 40.000 – 50.000 Tiger. Vor 30 Jahren, also um 1970 herum, konnte man nur noch knapp 2.000 Tiger finden. Seitdem gibt es einen Schutz für Tiger. In Asien wurden viele Nationalparks eingerichtet. Das sind sehr große Gebiete, in denen die Tiere frei leben können. Dort dürfen sie nicht gejagt und getötet werden.

Auch heute noch werden – trotz des Verbots – viele Tiger gejagt. Aus den Tigerknochen werden Medikamente gemacht, die zum Beispiel gegen Fieber oder Krämpfe sind. Da man heute jedoch schon viele andere Medikamente für diese Krankheiten hat, braucht man die Medikamente, die aus Tigerknochen gemacht sind, nicht. Manche Menschen finden es aber trotzdem toll, so ein Medikament zu nehmen und glauben an seine Wunderkräfte.

Es gibt viele Menschen und Organisationen, die Tiger schützen möchten. Menschen spenden Geld, damit die Lebensräume der Tiger bewacht werden können. Viele Naturschützer fahren auch nach Asien und vertreiben die Jäger und Wilderer aus den Nationalparks.

Sie erklären den Menschen dort, dass die Tiger bald aussterben, wenn weiter so viel gejagt wird. Sie informieren die Leute und fordern sie zum Helfen auf. Es werden Plakate gemalt und gedruckt.

Natürlich helfen auch viele Menschen aus Asien mit. Viele von ihnen finden die Jagd auf Tiger genauso schrecklich und unnötig wie du und ich.

 Suche dir von den beiden Aufgaben eine Aufgabe aus, die du machen möchtest und erledige sie. Vielleicht interessiert dich das Thema ja besonders und du hast Lust beide Aufgaben zu machen.

1. Berichte einem Freund, einer Freundin, deinen Eltern oder Verwandten von den Tigern in Asien. Erkläre ihnen, warum sie gejagt werden und warum die Gefahr besteht, dass sie bald aussterben.
2. Male ein Bild oder Plakat zum Thema „Rettet die Tiger!".

Der Tiger – ein Menschenfresser?

 Bevor du den Text liest überlege einmal, was du bei der Überschrift denkst: „Der Tiger – ein Menschenfresser?" Wie ist deine Meinung dazu? Hast du schon einmal davon gehört, dass ein Tiger einen Menschen angefallen hat? Unterhalte dich mit einem Partner oder mehreren Mitschülern darüber.

Wie du schon erfahren hast, haben Tiger ein sehr großes Jagdgebiet und fressen andere Tiere. Am Rande der Gebiete, in denen Tiger leben, wohnen die Menschen. Die Menschen kommen oft in die Lebensräume der Tiger, um Holz zu fällen, neue Wohngebiete zu bauen oder Nahrungsmittel auf Feldern anzupflanzen. So werden die Gebiete, in denen die Tiger Beute finden können, immer kleiner. Normalerweise sind die Tiger dem Menschen gegenüber sehr scheu. Wenn die Tiger einen Menschen bemerken, flüchten sie, so dass für die Menschen keine Gefahr besteht. Weil die Menschen den Lebensraum der Tiger aber nun immer mehr verkleinern, finden die Tiger immer weniger Beutetiere. So kommt es manchmal vor, dass sich die Tiger vor Hunger in die Nähe der Menschen trauen und Hausschweine oder Hausrinder fressen.

Hungrige oder verletzte Tiger fallen manchmal sogar Menschen an. Es gibt viele Geschichten über Tiger, die Menschen angefallen haben. Viele Geschichten sind sogar wahr. In Indien tötete ein Tiger im Jahre 1862 mehr als 100 Menschen. Die Menschen lebten damals in Angst und Schrecken, bis das gefährliche Tier getötet wurde.

 Lies dir die folgende Geschichte mit einem Partner durch. Glaubt ihr diese Geschichte? Begründet eure Meinung und unterhaltet euch darüber.

Eine Geschichte aus Indien

In Indien ging ein Hirte mit seiner Kuhherde über das Feld. Plötzlich kam ein Tiger und stürzte sich auf eine Kuh. Der Hirte wollte seine Kuh retten und schlug mit einem Stock auf den Tiger ein. Da packte der Tiger den Hirten und verletzte ihn. Der Hirte schrie laut und da kamen seine 50 Kühe und stürzten sich auf das Raubtier. Die Kühe töteten den Tiger mit ihren Hörnern und der Hirte überlebte.

Der Leopard – eine Großkatze

 Male den Leoparden richtig an.

Steckbrief des Leoparden

Lebensraum:
Asien und Afrika
Körperlänge (mit Schwanz):
165 – 290 cm
Schwanzlänge:
60 – 100 cm
Gewicht:
30 – 85 kg
Höchstalter:
frei 15 Jahre
im Zoo bis 23 Jahre
Fellfarbe:
rötlich gelb mit
schwarzen Flecken

Der Leopard lebt in **Afrika** und **Asien** und fühlt sich sowohl in steinigen Halbwüsten, Regenwäldern als auch in Bergwäldern wohl. Er hält sich in Gebieten auf, in denen er genügend Beutetiere findet und sich gut verstecken kann. Leoparden sind Einzelgänger, das bedeutet, dass sie alleine leben und auch alleine jagen. Ihre **Beute** sind Antilopen, Wildschweine, Paviane, Vögel, Schlangen, Schafe, aber auch Hasen, Fische und Insekten. Wenn der Leopard ein großes Tier erlegt hat, schleppt er es hoch auf einen Baum. Dort verspeist er es dann in aller Ruhe. Da der Leopard gut klettern kann, jagt er auch oft in den Bäumen nach Affen. Leoparden trinken am liebsten nach dem Essen. Sie können aber auch einen ganzen Monat ohne jeden Tropfen Wasser auskommen.
Der Leopard kann doppelt so gut hören wie wir. Wenn wir im Gras liegen und sich jemand anschleicht, würde der Leopard das Geräusch viel eher hören als wir. Wir würden noch eine ganze Weile gemütlich im Gras liegen bleiben, während der Leopard schon längst weggelaufen wäre.

 Lies dir den Text gut durch und beantworte die Fragen.

1. Wo lebt der Leopard?
   Schaue auf einer Landkarte nach, wo Asien und Afrika liegt.
2. Welche Tiere frisst der Leopard?

  Die Katzen Werkstatt

Der Leopard – Wissenswertes

Das Leopardenmännchen und das Weibchen leben getrennt und kommen nur zum Nachwuchszeugen zusammen. In dieser Zeit gehen sie gemeinsam auf die Jagd und sind sehr zärtlich zueinander. Dann verschwindet der Vater wieder und nach drei Monaten bekommt das Weibchen 2–6 Junge. Die Mutter kümmert sich zwei Jahre um den Nachwuchs. Wenn die Leoparden noch sehr klein sind, trägt die Leopardenmutter sie alle paar Tage in neue Verstecke. So werden Feinde der Kleinen, wie Löwen oder Hyänen, nicht vom Geruch angelockt.
Oft überleben nur ein bis zwei Junge. Die anderen werden von den Feinden gefressen, während die Mutter auf die Jagd geht.

Wie bei den Tigern fällt der Leopard Menschen meist nur an, wenn er verletzt oder alt ist. So tötete ein Leopard von 1918–1926 über 125 Menschen, bis er selber getötet werden konnte.
Da sich die Lebensräume der Leoparden immer mehr verkleinern, fressen sie auch Rinder, Schafe und Schweine der Bauern. Darüber sind die Bauern wütend.
Auf der anderen Seite sind die Bauern froh, dass es die Leoparden gibt, weil sie Paviane und Wildschweine fressen. Paviane und Wildschweine kommen nämlich auch auf die Felder der Bauern und fressen die Ernte weg und zerstören die Felder. So nützen sich Bauern und Leoparden gegenseitig.

Der Leopard hört sofort, wenn sich jemand anschleicht. Probiere einmal aus, wie gut du einen Anschleicher bemerkst.
Setze dich mit geschlossenen Augen in die Mitte eines Raumes. Bitte einen Freund sich dir auf Socken zu nähern. Zeige mit geschlossenen Augen in die Richtung, aus der das Geräusch des Anschleichers kommt.

Leopardenflecken

 Überlege einmal, warum der Leopard Flecken auf seinem Fell hat und schreibe deine Überlegungen auf.

Ein Tipp: Denke an den Lebensraum des Leoparden und seine Absicht sich gut verstecken zu wollen!

_____

_____

_____

_____

_____

Sicherlich hast du dich bei der Beantwortung der Frage auch an die Streifen des Tigers erinnert. Da der Leopard sich häufig auf Bäumen oder in Gebüschen versteckt hält, dient sein Fleckenfell als Tarnung. Wenn die Sonne durch einen Baum scheint, erscheinen die Blätter als schwarze Schatten auf der Erde. An der Stelle, auf die kein Blatt Schatten wirft, bleibt die Erde hell. So ist es auch auf dem Leopardenfell. Der Leopard fällt nicht auf, kann in Ruhe schlafen oder sich unbemerkt an ein Beutetier heranschleichen. Bis das Beutetier den Schwindel bemerkt hat, kann der Leopard schon zum Sprung starten und Beute machen.

Der schwarze Panter

Der schwarze Panter ist kein anderes Raubtier als der Leopard.
Er ist einfach ein Leopard mit schwarzem Fell. Wenn man das glänzende Fell genau betrachtet, erkennt man trotzdem noch die typischen Leopardenflecken.
So kann es sein, das eine Leopardenmutter schwarze und helle Leopardenkinder gleichzeitig bekommt.
Der schwarze Leopard oder schwarze Panter sieht aufgrund seiner schwarzen Fellfarbe noch viel gefährlicher aus. Seine Augen und Zähne blitzen hell auf, obwohl beide Leoparden gleich gefährlich sind. Schmusen darfst du mit keinem von beiden!

 Die **Katzen** Werkstatt  **45**

Löwe – Leopard – Tiger – und Du! (1)

 Trage die fehlenden Daten bei den Aufgaben ein. Du findest sie auf den Arbeitsblättern (S. 35, 38, 43). Beantworte dann die Fragen.

Zusätzliche Materialien:
- Personenwaage
- mehrere Mehlpakete
- Maßband oder Zollstock

Das Alter der Großkatzen		
	Höchstalter in freier Wildbahn	Höchstalter im Zoo
Löwe	Jahre	Jahre
Tiger		
Leopard		

1. Welche von den drei Großkatzen wird in Freiheit am ältesten?

_____

2. Wieso werden die Großkatzen im Zoo wohl älter als in der freien Wildbahn?

_____

_____

_____

3. Wie alt werden Menschen ungefähr? Schreibe das Alter einiger älterer Menschen auf, die du kennst oder von denen du schon einmal gehört hast.

_____

_____

_____

Löwe – Leopard – Tiger – und Du! (2)

Gewicht der Großkatzen		
	Höchstes Gewicht in kg	So viele Mehlpakete wiegt das Tier (1 kg = 1 Paket Mehl)
Löwe	kg	kg
Tiger		
Leopard		

1. Welche Großkatze wiegt am meisten? Ordne sie nach der Reihenfolge. Fange mit der schwersten Katze an:

_____

_____

_____

2. Wiege dich einmal.
Wie viel kg wiegst du?

_____

3. Wie viele Pakete Mehl wiegst du?

_____

4. Wie oft müsste es dich geben, damit du genauso schwer wärst wie der Tiger?

_____

Länge der Großkatzen		
	Größte Körperlänge	Schwanzlänge
Löwe	cm	cm
Tiger		
Leopard		

1. Welche Großkatze ist am längsten? Ordne sie nach der Reihenfolge. Fange mit der längsten an:

_____

_____

2. Wie sieht es mit der Schwanzlänge aus? Ordne sie der Länge nach.

_____

3. Miss dich einmal!
Wie groß bist du?

Der Puma – eine Kleinkatze

 Male den Puma richtig an.

Steckbrief des Pumas

Lebensraum:
Alaska bis Südamerika
Körperlänge (mit Schwanz):
105 – 180 cm
Schwanzlänge:
60 – 90 cm
Gewicht:
bis 100 kg
Höchstalter:
frei 18 Jahre
Fellfarbe:
braunrötlich,
am Bauch heller

Lies dir den Text gut durch und beantworte die Fragen.

Der Puma, der auch Berglöwe oder Silberlöwe genannt wird, lebt in **unterschiedlichsten Gebieten Amerikas**. Man kann ihn in Bergen, Wäldern, trockenen Gebieten und in tropischen Regenwäldern finden.

Da der Puma ein Raubtier ist, frisst er andere Tiere. Oft macht er Beute auf kleine Säugetiere wie zum Beispiel Mäuse. Die größten Tiere, die der Puma erlegen kann, sind Hirsche oder Pferde. Meistens springt der Puma seine Beute von einem Baum oder Felsen aus an. Er tötet seine Beute, genauso wie der Löwe, mit einem schnellen Nackenbiss. Pumas sind meistens Einzelgänger. Das bedeutet, dass sie alleine durch die Gegend ziehen und jagen. Ein Pumaweibchen bekommt meist 2 – 4 Junge. Obwohl das Fell des erwachsenen Pumas ohne Muster ist, haben die Pumakinder ein **geflecktes Fell**. Weil die Mutter die Kinder in Höhlen oder unter Sträucher versteckt, ist das gefleckte Fell – genau wie beim Leoparden – eine gute Tarnung. Wenn die Kinder einige Monate alt sind, wächst ihnen ein Fell ohne Muster. In Nordamerika ist der Puma bereits durch den Menschen ausgerottet worden.

1. Wo lebt der Leopard? Schaue auf einer Landkarte nach, wo sich das Gebiet von Alaska (Nordamerika) bis Südamerika befindet.
2. Erkläre, warum für Pumababys das gefleckte Fell wichtig ist.

Der Luchs – eine Kleinkatze

 Male den Luchs richtig an.

Steckbrief des Luchses

Lebensraum:
Asien, Amerika und Europa
Körperlänge (mit Schwanz):
bis 110 cm
Schwanzlänge:
17 cm
Gewicht:
30 - 70 kg
Fellfarbe:
rötlich gelb mit
braunen Flecken

 Lies dir den Text gut durch und beantworte die Fragen.

Luchse sind fleischfressende Raubkatzen, die in **Amerika**, **Asien** und **Europa** leben. Luchse kommen jedoch nicht in Deutschland vor. Mit viel Glück kannst du sie in Spanien sehen. Luchse leben in Wäldern und bergigen Gebieten. Luchse sind Nachttiere. Das bedeutet, dass sie sich tagsüber in Höhlen oder Gebüsche zurückziehen, schlafen und ausruhen. Erst in der Nacht kommen sie aus ihrem Versteck heraus und gehen auf die **Jagd**. Luchse lauern Tieren im Gebüsch auf oder schleichen sich an sie heran. Sie fressen Hasen, Mäuse, Vögel und auch Rehe. Luchse sind Einzelgänger. Das bedeutet, dass sie alleine leben und auch alleine jagen. Sie haben ein bestimmtes Jagdgebiet, in dem kein anderer Luchs jagen darf. Sollte sich doch einmal ein fremder Luchs in diesem Jagdrevier aufhalten, wird er mit großem Gefauche vertrieben. Luchse können aber auch freundlich miauen, wenn sie einen Partner gefunden haben. Das Pumaweibchen bekommt meist 2–3 Junge. Die Kinder werden in einer Höhle oder Felsspalte geboren. Sie haben noch kein Fell und sind zuerst blind. Der Luchs hat an den Ohren lange **Haarbüschel**, die hoch nach oben stehen. Diese Büschel sollen ihn nicht hübscher machen, sondern beim Hören helfen.

1. Wo lebt der Luchs? Schaue auf einer Landkarte nach!
2. Wie jagt der Luchs seine Beute?
3. Warum hat der Luchs Haarbüschel an den Ohren?

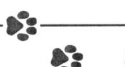  

Katzentatzen – Gedicht

Katzentatzen

Tatzen
kratzen
sind gefährlich
und nicht herrlich
machen Schaden
auch in Waden
sind nicht nett
schon gar nicht im Bett
wirken bedrohlich
gar nicht wohnlich
sind unangenehm
und unbequem
wirken zum Fürchten
und schnellem Flüchten
Tatzen die kratzen will niemand sehn.
Tatzen die kratzen sollen bis zum Mond
sich verziehen.

Aber nein, wie wunderbar!
Sind an der Tatze keine Krallen da.
Schönste Wonne,
Geschmuse bis zur Sonne
und zurück
Katzen – oder Menschenglück?

© Verlag an der Ruhr, Postfach 10 22 51, 45422 Mülheim an der Ruhr, www.verlagruhr.de

Die Katzen Werkstatt

50

Die Raubkatzenschar

Die Raubkatzenschar

Löwe, Panter und Tiger
jedoch nicht der Biber
Leopard, Gepard und Luchs
jedoch nicht der Fuchs
Hauskatze, Kater und Puma
jedoch nicht das Lama
Wildkatze, Serval und Jaguar
das ist die gefährliche Raubkatzenschar.
All das sind richtige Katzen,
die mit ihren starken Tatzen
gemeinsam und alleine
große oder kleine
Beute machen können.

Katzengedicht – Bebildern

 Suche dir ein Gedicht aus!
Lies dir das Gedicht aufmerksam durch!
Male zu deinem Lieblingsteil oder dem gesamten
Gedicht ein Bild.

Katzengedicht – Abschreiben

 Suche dir ein Gedicht aus und schreibe es in
Schönschrift auf ein Blatt Papier.
Überlege dabei, wie viel Platz du benötigst und
welche Buchstaben oder Wörter du besonders
hervorheben möchtest.
Schmücke oder verziere das Papier mit eigenen
Bildern.

Katzengedicht- Kneten

 Suche dir eine Szene aus einem der beiden
Gedichte aus, die dir gut gefällt. Knete diese
Situation nach, so dass man erkennt, welche
Szene du dir aus dem Gedicht ausgesucht hast.

Die Katzen Werkstatt

Katzengedicht – Vortragen

Suche dir ein Gedicht aus! Lies das Gedicht mehrmals durch. Übe das Lesen und versuche es schön vorzutragen. Denke dabei an:
- langsames und deutliches Lesen,
- kurze Pausen nach jeder Strophe,
- Betonungen und rhythmisches Sprechen.

Katzengedicht – Selberdichten

Nimm dir das Gedicht „Katzentatzen" und lies es dir aufmerksam durch. Schreibe nun ein eigenes Gedicht zum Beispiel mit der Überschrift: „Katzenaugen" oder „Katzenwäsche".

Katzengedicht – Szenisches Spiel

Spielt das Gedicht: „Katzentatzen".
Ihr braucht einen Leser, eine Katze und einen Menschen.

Katzengeschichten weiterschreiben

**Suche dir einen Geschichtenanfang aus.
Schreibe die Geschichte weiter!**

Das Kätzchen im Garten

„Oma, Oma! Komm schnell in den Garten!", schreit Anna und kommt in die Küche gestürmt. Sie zieht die Oma heftig am Arm, keucht wie wild und ist schon wieder auf dem Weg nach draußen. „Was ist denn?", fragt Oma Hilde verdutzt, lässt die Einkäufe auf den Küchentisch fallen und rennt hinter Anna her. Hinaus in den Garten. Da kniet Anna auf dem Boden und schaut auf ein kleines graugetigertes Bündel. Oma Hilde hockt sich neben Anna. „Ein kleines Kätzchen, Oma. Es blutet. Es hat sich verletzt. Wir müssen ihm helfen", flüstert Anna voller Angst...

Die unerwartete Entdeckung

Es ist ein schöner warmer Sommertag. Jana spielt mit ihrem Schulfreund Michael im Garten Federball. „Ha! Das war mein Punkt!", ruft Jana. „Okay, Okay!", stöhnt Michael. „Aber ich habe immer noch zwei Punkte Vorsprung. Wart's ab – jetzt kommt ein Superball!" Michael holt aus, schlägt den Ball, und...? Der Ball fliegt gut, er fliegt weit. Aber leider zu weit und zu hoch. Er landet direkt auf dem uralten großen Kirschbaum von Opa Erwin. „Oh, Mist!", stöhnt Jana. „Nein!", jammert Michael. „Das hab ich nicht gewollt! Komm, wir schauen mal, wo der Ball hängen geblieben ist."

Die beiden Kinder rennen los und bleiben direkt unter dem hohen Baum stehen. „Da oben!", ruft Jana und zeigt direkt in die Spitze. Ja, da hängt der Ball, aber was ist das? Ein Stückchen neben dem Ball bewegt sich etwas Weißes. „Das sieht ja aus wie eine Katze!", staunt Michael. „Was macht die denn da oben auf dem Baum? Ob sie wohl wieder herunterkann?", überlegt Jana laut...

Kleine, getigerte Kätzchen zu verschenken

Da! Die Zeitung wird gebracht. Maurice schleicht sich die Treppe herunter und zieht vorsichtig die Zeitung aus dem Briefschlitz. Die Eltern schlafen noch. Maurice huscht leise wieder in sein Zimmer zurück und knipst die Nachttischlampe an. Er faltet die große Zeitung auf dem Boden aus. Schnell überschlägt er die sonst so beliebte Kinderseite. Da! Da ist die Seite, die er sucht. Maurice liest: „Haustiere!" Er überfliegt die ersten Anzeigen: Goldfische, kleine Welpen werden verschenkt oder gesucht. Endlich hat er gefunden, was er sucht. Flüsternd liest er vor: „Junge, getigerte Kätzchen zu verschenken. Nur an liebe Familie abzugeben." Dahinter steht die Telefonnummer. Maurice schleicht sich ins Wohnzimmer zum Telefon, nimmt den Hörer ab und wählt die Nummer...

Katzengeschichten selber erfinden

 Schreibe eine Katzengeschichte! Deine Geschichte kann von großen oder kleinen, einer oder vielen Katzen handeln. Die Geschichte könnte wahr sein oder total verrückt erfunden.
Sie kann lustig, spannend, traurig oder auch gruselig sein. Na, fällt dir schon etwas ein?
Dann nimm dir Papier und leg los!

Falls du nun noch nicht so ganz entschlossen bist: Hier sind noch einige Überschriften, die du verwenden kannst. Vielleicht bringen sie dich ja auch auf eine eigene Idee.

Kater Mommel ist krank

Eine Nacht in der Steppe Afrikas

Junge Löwenbabys im Stadtzoo

Zirkustiger entlaufen!

Kater sucht Katze   Das Katzengeschenk

Ein Abenteuer im Dschungel Asiens

Zwei Katzen auf Mäusejagd

Auf der Suche nach dem gefährlichen Löwen.

Ein Besuch im Zoo   **Die Geschichte des Tierschützers Jan Leon aus Asien.**

Auf dem Bauernhof

 Suche noch mehr Überschriften zum Thema.
Schreibe sie auf Papierstreifen und lege sie dazu.
So haben deine Schulfreunde noch mehr Anfangsideen.

© Verlag an der Ruhr, Postfach 10 22 51, 45422 Mülheim an der Ruhr, www.verlagruhr.de

Die Katzen Werkstatt

Katzenrätsel

© Verlag an der Ruhr, Postfach 10 22 51, 45422 Mülheim an der Ruhr, www.verlagruhr.de

 Beantworte die Fragen und schreibe die Antworten in die Kästchen. In den schwarzen Feldern erhälst du ein Lösungswort. Na, wie heisst es?
(Tipp: Ä, Ö wird hier auch Ä, Ö geschrieben)

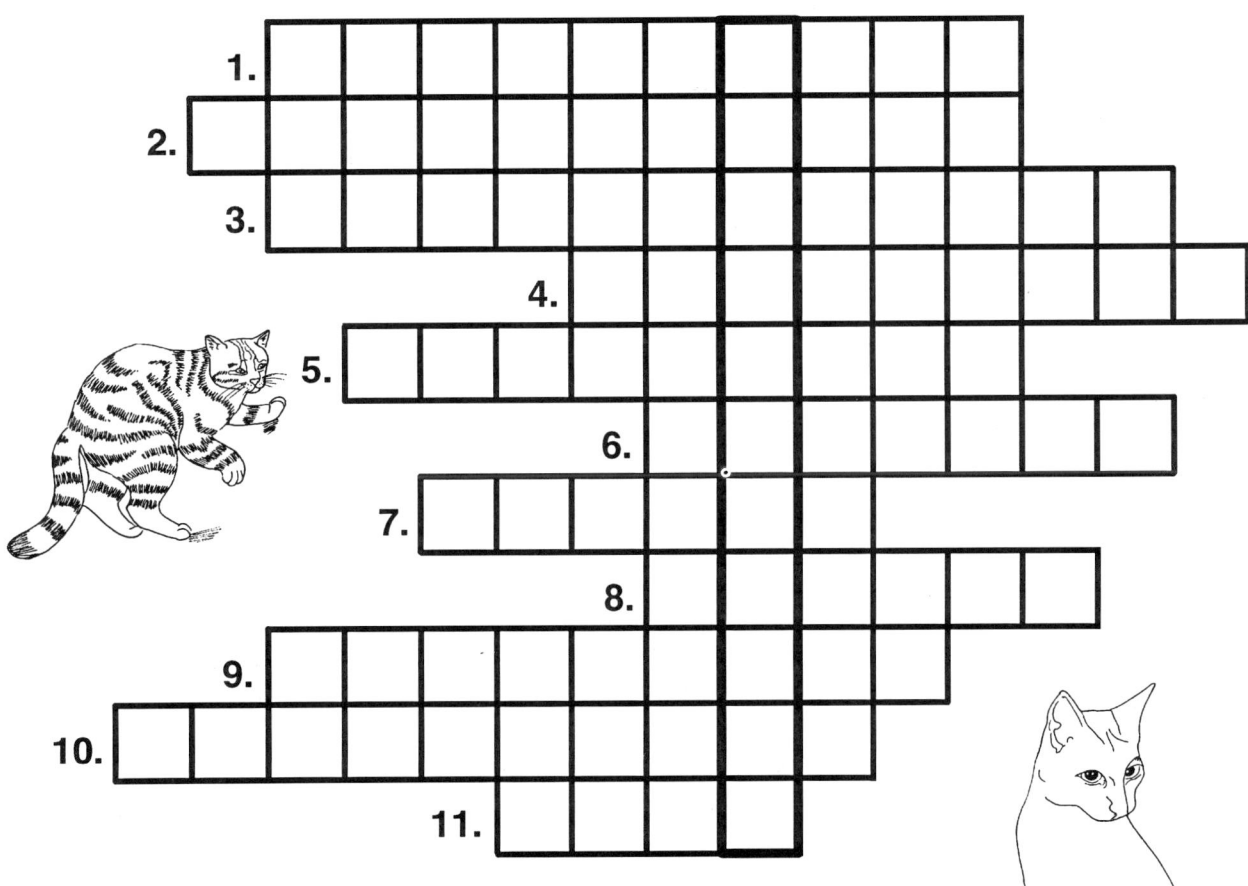

1. So nennt man einen Reflektor am Fahrrad!
2. Katzen sind auf Bauernhöfen gute ...!
3. Der Tiger lebt alleine. Deswegen ist er ein ...!
4. Der Tiger ist eine G...!
5. Hauskatzen können zufrieden ...!
6. Wofür braucht der Tiger seine Streifen? Er braucht sie zur ...!
7. Dort lebt der Löwe!
8. Schwarze Leoparden nennt man auch schwarze ...!
9. Die afrikanische Vorfahrin unserer Hauskatze ist die F...!
10. Der Puma ist eine K...!
11. Welche Raubkatze nennt man den König der Tiere?

Lösungswort: _____

(Tipp: Es ist eine Katzenrasse mit sehr weichem und langem Fell!)

Die
Katzen
Werkstatt

56

Katzenrassen-Rätsel

🐱 Suche die Namen verschiedener Katzenrassen.
Sie können waagerecht (➜ oder ←) und auch senkrecht
(↑ oder ↓) geschrieben sein. Kreise sie ein.

Abessinier	**Havannakatze**
Angorakatze	**Kartäuserkatze**
Burmakatze	**Perserkatze**
Colourpoint	**Siamkatze**
Hauskatze	**Somalikatze**

K	A	R	T	Ä	U	S	E	R	K	A	T	Z	E	R	R	P	Ä	U
Ö	W	E	R	T	Z	U	I	O	O	P	K	A	L	M	F	E	G	F
L	H	J	K	A	S	A	B	E	S	S	I	N	I	E	R	R	W	R
C	T	R	W	U	H	A	U	S	K	A	T	Z	E	E	D	S	J	O
O	R	Z	Q	L	Ö	N	R	W	K	H	M	N	B	D	S	E	L	I
L	E	T	Z	R	O	E	M	E	R	A	S	K	Ö	C	V	R	W	E
O	K	E	Z	T	A	K	A	N	N	A	V	A	H	E	I	K	K	Z
U	O	S	C	H	G	L	K	A	R	R	M	N	E	I	H	A	M	T
R	P	S	T	S	O	M	A	L	I	K	A	T	Z	E	N	T	N	A
P	I	I	E	A	N	M	T	M	W	U	T	G	F	C	M	Z	N	K
O	Ä	D	T	K	L	L	Z	Ö	Ä	I	U	M	N	B	P	E	G	M
I	Ü	O	P	Ü	T	Z	E	K	L	H	W	A	R	E	M	J	I	A
N	W	U	R	W	T	Z	I	J	L	Ö	M	B	N	E	I	Ö	A	I
T	E	K	A	N	G	O	R	A	K	A	T	Z	E	P	O	U	T	S

Katzennamen

Sicherlich kennst du einige Katzen, entweder aus deiner Umgebung, Büchern oder dem Fernsehen. Und alle haben einen Namen, auf den sie durchaus hören können.

Katzen gewöhnen sich an ihren Namen und reagieren auf den Klang. So kommt Kater Willi zurück aus dem Wald in den Garten, wenn er gerufen wird.

Schreibe hier einige Katzennamen auf:

_____

_____

In diesem Rätsel sind senkrecht (→ oder ←) sowie waagerecht (↑ oder ↓) vierzehn Katzennamen versteckt. Kannst du sie finden?
Kreise sie ein und schreibe sie unten auf.

M	I	M	M	I	A	D	F	G	J	K	L	S	Ö	G
A	M	E	R	T	Z	C	A	R	L	O	I	T	B	A
X	R	T	U	G	K	P	Ü	E	M	S	S	R	L	R
S	C	P	F	Ö	T	C	H	E	N	A	I	O	K	F
A	Q	W	E	R	Z	U	M	H	V	D	L	L	G	I
M	O	R	I	T	Z	S	S	U	M	E	L	C	Ö	E
O	H	L	N	X	C	T	U	N	U	R	I	H	S	L
R	G	F	A	E	R	U	S	N	S	T	W	I	A	D
L	I	L	L	I	D	K	I	B	C	U	Ä	E	F	W
E	D	P	H	A	F	E	L	O	H	P	U	J	T	E
E	T	O	M	E	R	A	K	N	I	M	E	K	R	J

(Eine kleine Hilfe:
Hier sind die Anfangsbuchstaben der Namen und die Anzahl, in der sie im Rätsel vorkommen: M, M, M, M, M, M, S, S, P, T, G, C, W, L)

_____

_____

Lauter Katzen-Wörter

In unserer Sprache gibt es einige Wörter in denen „Katze" vorkommt, die aber mit dem schmusigen Vierbeiner gar nichts zu tun haben. Hier siehst du eine kleine Liste. Verbinde Wort und Bedeutung.

Katzenauge	**Ein kleiner Tisch neben dem Esstisch, an dem meist die Kinder sitzen.**
Katzenbär	**Ein stark reflektierender Strahler am Auto oder in den Speichen von Fahrrädern.**
Katzenzunge	**Ein kleiner Pandabär, der 60 cm groß ist und rostbraunes Fell hat.**
Katzenbuckel	**Ein bis zu 1,5 m langer Haifisch, der im Atlantischen Ozean und in der Nordsee lebt.**
Katzengold	**Bezeichnung für glänzende Mineralien (Steine).**
Katzentisch	**Ein langes, flaches Schokoladenstückchen.**
Katzenhai	**So wird der höchste Berg im Odenwald genannt.**
Weidenkätzchen	**Die weichen und flauschigen Blüten am Weidenstrauch.**

Maskenball:
Katze - Löwe - Tiger

Suche dir eine Maske (Vorlagen S. 61–63) aus, bastel sie und schlüpfe in die Rolle einer gefährlichen oder schmusigen Katzenart!

Du brauchst:
- Buntstifte oder Wachsmaler
- Schere
- Klebstoff
- Gummiband
- 1 Kopie der Maske deiner Wahl – möglichst auf festem Karton

Bastelanleitung:

1. Male die Maske an.

2. Schneide die Maske und die Augen vorsichtig aus.

3. Bohre mit einem spitzen Gegenstand (z.B.: spitzer Bleistift, Stopfnadel) Löcher in die schwarzen Kreise.

4. Miss das Gummiband passend für deinen Kopf ab. Befestige es an den Löchern.

Fertig! Nun kannst du dich in ein Katzentier verwandeln.

Spielideen:
Überlegt euch eine kleine Geschichte und spielt sie mit euren Masken. Hier einige Spielvorschläge.

- Katzen oder Tiger gehen auf Jagd.
- Zwei Löwen führen einen Machtkampf durch.
- Tigerdame und Tigerherr/Kater und Katze lernen sich kennen.
- Löwen unterhalten sich beim Mittagsschlaf.
- Einige Katzen erleben ein Abenteuer.
- Ein Tiger versteckt sich im hohen Gras vor Wilderern.
- Eine Katzenmutter bringt ihren Kindern das Jagen bei.

Löwenmaske

Tigermaske

Die **Katzen** Werkstatt

63

Spiel: Schnurrhaar-Parcour

Mitspieler: mindestens 1

Spielmaterialien:
- Gummiband
- 1 langer Pfeifenputzer pro Spieler
- verschiedene Hindernisse wie:
  Tische, Stühle, Eimer, Reifen,
  Kästen, Flaschen, Matten

Spielort:
Turnhalle, Flur oder Raum mit
viel Platz für den Krabbel-Parcour

Vorbereitungen:

1. Bastel dir aus einem Pfeifenputzer
   Schnurrhaare.
   Dazu brauchst du mindestens
   einen **Pfeifenputzer,** der so lang
   ist wie deine ganze Schulterpartie.
   Knote in der Mitte des Putzers ein
   Gummiband fest und binde dir das
   Band um den Kopf.
   Der Pfeifenputzer hängt unter
   deiner Nase und soll dein
   Schnurrhaar sein.

2. Baue dir nun aus den
   Hindernissen einen
   Kriechparcour auf.
   Dabei sollte der Parcour so sein,
   dass du mal gut und mal weniger
   gut hindurchpasst.
   Du kannst Tunnel oder
   Slalomstrecken bauen.
   Denke dir tolle Wege aus!

Spielregeln:
Bewältige nun den aufgebauten
Parcour.
Krabbel dabei immer auf allen
Vieren – wie eine Katze oder
ein Kater.
Teste vor jedem Hindernis mit
deinen Schnurrhaaren, ob du
durch die Lücken passt.
Wenn die Schnurrhaare nicht berührt
werden, weißt du: „Aha! Die Lücke
ist groß genug für mich."
Wenn die Schnurrhaare an den
Rand der Öffnung stoßen, wirst du
auch beim Hereinkrabbeln
Schwierigkeiten haben – vielleicht
sogar stecken bleiben!

Viel Spaß und gute Antennen!

Spiel: Armer schwarzer Kater!

Wie du sicherlich schon gelernt hast, sind schwarze Katzen keine bösen Geister, sondern ganz normale Katzen.

Auch sie sind besonders liebebedürftig und wollen gestreichelt werden.

Spiele doch mal mit einigen Freunden das Schwarzer-Kater-Spiel. Du wirst merken, dass schwarze Katzen gar nicht gruselig oder gefährlich sind!

Mitspieler: mindestens 5
Davon: 1 schwarze Katze

Spielregeln:

Bildet einen Stuhlkreis.
Ein Kind kniet sich in die Mitte des Kreises und ist die schwarze Katze. Nun muss die schwarze Katze zu einem Mitspieler krabbeln und möglichst lustig miauen. Sie kann dabei auch möglichst komisch gucken. Der Mitspieler, vor dem die Katze kniet, darf nicht anfangen zu lachen. Er muss der Katze nach jedem Miau über den Kopf streicheln und sagen:
„Armer schwarzer Kater!" Die Katze miaut dreimal vor ihm. Jedesmal sagt der Mitspieler den Satz.
Lacht der Mitspieler nicht, sucht sich die Katze ein neues Kind.
Nun miaut sie erneut und wird gestreichelt. Fängt ein Mitspieler an zu lachen, so muss dieser in den Kreis und die schwarze Katze sein. Die alte schwarze Katze setzt sich auf den freien Platz und spielt weiter mit.

Ziel des Spiels:

Viel Spaß zu haben und die tollsten Miaus und Grimassen zu erfinden!

Los geht´s!

Die Katzen Werkstatt

Lernzielkontrolle: „Die Katze"

1. Beschrifte den Körper der Katze!

2. Nenne die 5 Großkatzenarten!

_____   _____

_____   _____

_____   _____

3. Nenne mindestens zwei
   Kleinkatzen!

_____   _____

4. Beschrifte das Katzengebiss!

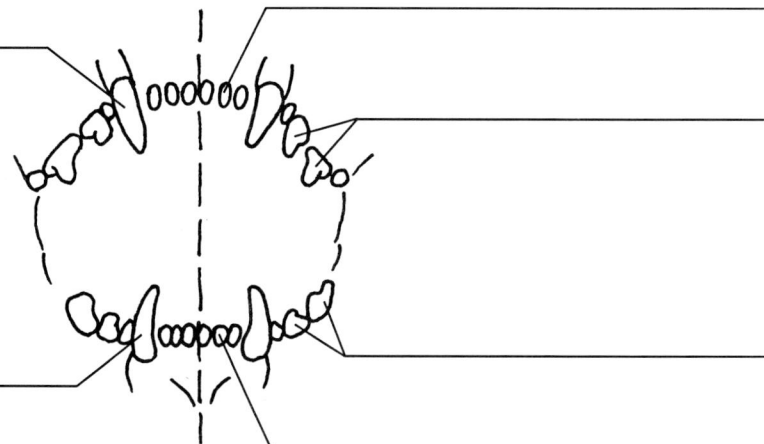

Lernzielkontrolle: „Die Katze"

5. Erkläre kurz, was Rassekatzen sind.

_____

_____

6. Nenne mindestens 5 Dinge, die eine Wohnungskatze braucht.

_____

_____

7. Die Katzensprache: Was können folgende Zeichen bedeuten?
a) Die Katze schnurrt.

_____

_____

_____

b) Die Katze faucht. _____

_____

8. Katzenaugen! Male die Augen der Katze richtig aus.

a) Im Hellen:

b) Bei Dunkelheit:

9. Erkläre, warum der Löwe der „König der Tiere" genannt wird.

_____

_____

_____

10. Erkläre kurz, warum der Tiger Streifen hat.

_____

_____

_____

Geschafft!

Literaturempfehlungen

Katzen-Geschichten

❧ Bachhausen, Ruth; Krautmann, Milada:
Katzen. 1995. Arena. **ISBN 3-401-04552-0**
*In kurzen Geschichten erfahren hier Erstleser
alles Wichtige über Katzen.
Eine große Druckschrift und zahlreiche farbige
Illustrationen unterstützen das Lesen.*

❧ Herfurtner, Rudolf:
Kleiner Kater, große Welt. 1999.
Bertelsmann. **ISBN 3-570-20363-8**
*Fredo, der kleine Kater, würde am liebsten zu
Hause bleiben. Aber sein Herrchen hat es sich
in den Kopf gesetzt, ihn nach Griechenland
mitzunehmen.*

❧ Johansen, Hanna: **Felis, Felis.** 1996.
Ravensburger. **ISBN 3-473-52054-3**
*Kater Felis erzählt: von seinen Menschen, von
den Nachbarkatzen, von seinem Revier, vom
Tierarzt...*

❧ Wippersberg, Walter: **Der Kater Konstantin.**
1994. Nagel & Kimche. **ISBN 3-312-00770-4**
*Drei Bücher in einem Band: Der Kater
Konstantin; Konstantin wird berühmt;
Konstantin auf Reisen.*

Sachbücher für Kinder

❧ Alderton, David:
Einmaleins der Katzenhaltung.
Kynos kleine Katzenbibliothek. 1990. Kynos.
ISBN 3-924008-61-2
*Ein umfassender illustrierter Führer über
Auswahl, Haltung, Fütterung und Pflege der
Katze.*

❧ Edney, Andrew: **Katzen.**
Von Pussycats und Dschungeltieren. 1999.
Taschen Deutschland.
ISBN 3-8228-6956-2

❧ Hensel, Wolfgang; Bräunig, Susanne;
Vorbrugg, Harald: **Katzen. Der neue Kinder-
Kosmos.** 1997. Kosmos.
ISBN 3-440-07308-4
*Das Buch bietet zahlreiche überraschende
Informationen und Katzengeschichten von der
Hauskatze bis zum Löwen.*

❧ Parsons, Alexandra:
Katzen. Sehen, Staunen, Wissen. 1991.
Gerstenberg. **ISBN 3-8067-4707-5**
*Informative Texte mit zahlreichen Bildern und
Fotos, die kindgerecht alles Wissenswerte von
der Hauskatze bis zu den Großkatzen
erklären.*

❧ Späh, Marianne: **Das Katzenbuch.** 1997.
Bertelsmann. **ISBN 3-570-20234-8**
*Geschichten, Tipps und Wissen für junge
Katzenfreunde.*

Sachbücher für Erwachsene – auch für Kinder interessant!

❧ Ade, Ulrike: **Leben mit Katzen.** 1998.
Landbuch-Verlag. **ISBN 3-7842-1602-1**
*Interessante und wichtige Informationen zur
artgerechten Haltung und Pflege der Katze.*

❧ Behrend, Katrin: **Katzen.** 2000. Gräfe & Unzer.
ISBN 3-7742-3700-X
*Hier wird erklärt, wie man seine Katze
großzieht und artgerecht hält, damit sie
gesund bleibt und zutraulich wird. Mit vielen
praktischen Ratschlägen für Pflege und
Ernährung.*

❧ Birr, Uschi: **Die Katze in der Familie.** 1999.
Falken. **ISBN 3-8068-2060-0**
*In diesem Ratgeber finden sich praxiserprobte
Hinweise zu Charakter, Lebensweise, Haltung,
Gesundheit und Nachwuchs der Katze.*

Katzen im Internet

❧ **www.katzen.de**: *Unter dieser Internetadresse
befinden sich zahlreiche Links zu
interessanten und informativen Internetseiten
von der Hauskatze bis zur Großkatze.*

© Verlag an der Ruhr, Postfach 10 22 51, 45422 Mülheim an der Ruhr, www.verlagruhr.de

 Die **Katzen** Werkstatt

CHECKY ... *Die* Lernkontrollhilfe

○ So geht's

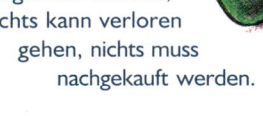

... ist anders als andere Lernkontrollhilfen:

Vorgegebene Lösungen sind nicht nur über starre Symbolzuordnungen kontrollierbar. Checky ermöglicht die Eingabe ganzer (kurzer) Lösungswörter bzw. sinnvoller und konkreter Kontrollangebote. Die Kontrollscheibe besteht aus einem Teil. Nichts muss zusammengesetzt werden, nichts kann verloren gehen, nichts muss nachgekauft werden.

Das ist Checky.
Er begleitet die Kinder durch die Themenhefte, gibt Tipps, Hilfen und Anregungen.

... macht es den Kindern leicht:

Eine Aufgabe aus dem Arbeitsheft bearbeiten und sich gleich mit der Checky-Kontrollscheibe die Richtigkeit bestätigen lassen. Jede Lösung kann sofort kontrolliert werden, ohne den Zwang einer vorgegebenen Reihenfolge.
Die Checky-Arbeitshefte fördern freies Arbeiten: Checky-Übungshefte zum Festigen und Wiederholen und Checky-Themenhefte für fächerübergreifendes Erarbeiten und Üben. Checky lädt die Kinder zum Arbeiten ein, gibt ihnen Tipps, Anregungen und Lösungshilfen.

* *Sofortige Lösungskontrolle einzelner Aufgaben*
* *Einfache Handhabung*
* *Keine losen Teile*
* *Preiswert!*

Mit dieser Lernhilfe können Kinder nur gewinnen!

---

1 Aufgabenstellung lesen

Zu Beginn ist es wichtig, sich die Aufgabe genau durchzulesen. Hier erklärt Checky, worum es geht und was gemacht werden muss.

Beispiel:
Welches Rechenzeichen fehlt?

3 Lösung finden und Buchstabencode wählen

Checky stellt immer mehrere Lösungsmöglichkeiten zur Auswahl bereit. Aber nur eine ist richtig. Nachdem man sich für die richtige Lösung entschieden hat, wird der dazugehörige Buchstabencode gewählt.

Beispiel: + [PG] – [MG]

In diesem Falle also [MG].

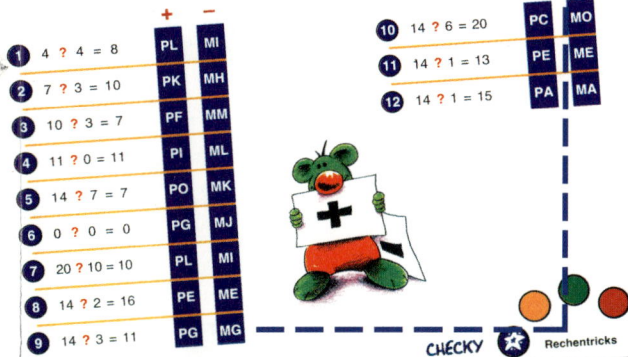

Welches Rechenzeichen fehlt? 11

+ **–**

		+	–
① 4 **?** 4 = 8		PL	MI
② 7 **?** 3 = 10		PK	MH
③ 10 **?** 3 = 7		PF	MM
④ 11 **?** 0 = 11		PI	ML
⑤ 14 **?** 7 = 7		PO	MK
⑥ 0 **?** 0 = 0		PG	MJ
⑦ 20 **?** 10 = 10		PL	MI
⑧ 14 **?** 2 = 16		PE	ME
⑨ 14 **?** 3 = 11		PG	MG

	+	–
⑩ 14 **?** 6 = 20	PC	MO
⑪ 14 **?** 1 = 13	PE	ME
⑫ 14 **?** 1 = 15	PA	MA

CHECKY ★ Rechentricks

CHECKY So geht's

Wähle die Zahl ②
die richtigen ...ben **GT**
FALSCH

2 Nummer der Aufgabe wählen und Aufgabe durchlesen

Man kann die Aufgaben in beliebiger Reihenfolge bearbeiten. Deswegen muss man Checky zuerst sagen, mit welcher Aufgabennummer man beginnen möchte. Ist es zum Beispiel die Aufgabe 9, so wählt man zunächst die Ziffer 9 auf der Checky-Wählscheibe und liest sich die entsprechende Aufgabe durch.

Beispiel: ⑨ *14 ? 3 = 11*

4 Kontrolle

Ob die Aufgabe richtig gelöst wurde, sieht man Checky sofort an. Wurde richtig gelöst, erscheint nach der Eingabe des kompletten Codes der lustige Checky in der Mitte der Wählscheibe. Ist Checky nicht vollständig – fehlen Teile seiner Ohren und Nase oder sind dort nur weiße Flächen – dann war die Antwort leider falsch.

falsch

richtig

CHECKY ... *Die* Lern**kontrollhilfe**

für Klasse 1 – 4

CHECKY Übungshefte
Mathematik

Die Übungshefte enthalten im Gegensatz zu den Themenheften ausschließlich Aufgaben für Mathematik bzw. Sprache.

pro Band 9,80 DM/sFr/72,- öS

Rechentricks
Zahlenraum bis 20
1. Schuljahr
ISBN 3-86072-504-1
Best.-Nr. 2504
Best.-Nr. 250400 (Paketpreis)

Rechentricks
Zahlenraum bis 100
2. Schuljahr
ISBN 3-86072-514-9
Best.-Nr. 2514
Best.-Nr. 251400 (Paketpreis)

Längeneinheiten
Schätzen, Vergleichen, Rechnen
2. Schuljahr
ISBN 3-86072-505-X
Best.-Nr. 2505
Best.-Nr. 250500 (Paketpreis)

Gewichtseinheiten
Schätzen, Vergleichen, Rechnen
3./4. Schuljahr
ISBN 3-86072-506-8
Best.-Nr. 2506
Best.-Nr. 250600 (Paketpreis)

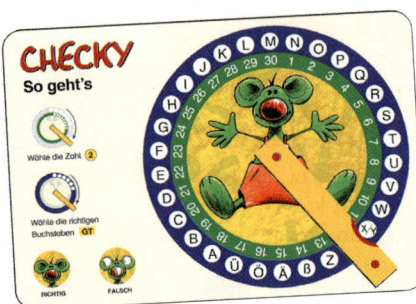

Checky Kontrollscheibe

Aus stabilem Hartkarton (1200 g/m²), A5, vierfarbig bedruckt, mit wasserfester Folie laminiert
ISBN 3-86072-500-9
Best.-Nr. 2500
8,80 DM/sFr/64,- öS

CHECKY Paketpreis

Heft + Kontrollscheibe nur 16,- DM

CHECKY Themenhefte
fächerübergreifend

Für ein fächerübergreifendes Erarbeiten und Üben, für den Einsatz in offenen Unterrichtsformen: Wochenplan, Freiarbeit, Lernen an Stationen, Lernwerkstätten, Projekten ...

pro Band 9,80 DM/sFr/72,- öS

Zeit und Uhren
2. Schuljahr
ISBN 3-86072-516-5
Best.-Nr. 2516
Best.-Nr. 251600 (Paketpreis)

Unsere Haustiere
Die Katze
2. Schuljahr
ISBN 3-86072-507-6
Best.-Nr. 2507
Best.-Nr. 250700 (Paketpreis)

Gesunde Ernährung
2. Schuljahr
ISBN 3-86072-508-4
Best.-Nr. 2508
Best.-Nr. 250800 (Paketpreis)

Sexualerziehung
Zeugung, Schwangerschaft, Geburt
3. Schuljahr
ISBN 3-86072-509-2
Best.-Nr. 2509
Best.-Nr. 250900 (Paketpreis)

Der Jahreskreis
Kalender und Jahreszeiten
3. Schuljahr
ISBN 3-86072-517-3
Best.-Nr. 2517
Best.-Nr. 251700 (Paketpreis)

Wärme
Eine Energie
3. Schuljahr
ISBN 3-86072-510-6
Best.-Nr. 2510
Best.-Nr. 251000 (Paketpreis)

Verkehrserziehung
Die Fahrradprüfung
4. Schuljahr
ISBN 3-86072-511-4
Best.-Nr. 2511
Best.-Nr. 251100 (Paketpreis)

CHECKY Übungshefte
Sprache

Zum Wiederholen und Festigen, zum Differenzieren, für die Freiarbeitsecke, für Regenpausen, zum Lernen zu Hause ...

pro Band 9,80 DM/sFr/72,- öS

Anlaute
Erkennen und Zuordnen
1. Schuljahr
ISBN 3-86072-501-7
Best.-Nr. 2501
Best.-Nr. 250100 (Paketpreis)

Wortarten unterscheiden
Verben
2. Schuljahr
ISBN 3-86072-515-7
Best.-Nr. 2515
Best.-Nr. 251500 (Paketpreis)

Wortarten unterscheiden
Artikel und Nomen
2. Schuljahr
ISBN 3-86072-502-5
Best.-Nr. 2502
Best.-Nr. 250200 (Paketpreis)

Lesen üben
Herbst-Geschichten
4. Schuljahr
ISBN 3-86072-503-3
Best.-Nr. 2503
Best.-Nr. 250300 (Paketpreis)